U0113670

纵横精华第二辑·历史的侧影

主编：刘未鸣

烽火剪影

中国文史出版社

《纵横精华》编辑委员会

主　　编：刘未鸣

执行主编：金　硕

编　　委：全秋生　孙　裕
　　　　　李军政　胡福星

目 录

武昌首义的临时总指挥吴兆麟

———

李　然

　　清朝末叶，封建政府丧权辱国、腐败无能，致使民众群情鼎沸，革命形势一触即发。1911 年 10 月 9 日晚，湖广总督瑞澂得到密报，逮捕彭楚藩、刘复基、杨洪胜等三名湖北新军的革命党人，并于次日清晨将他们杀害。至此，湖北新军中的革命党人感到形势紧迫，不能坐以待毙，便于 10 日晚 7 时仓促起义。担任起义临时总指挥的就是吴兆麟。

　　吴兆麟，字畏三，1882 年 2 月 28 日生于湖北省鄂城吴家畈的一个农民家庭。因为家境贫寒，16 岁时到武昌，入工程营当兵。他聪颖好学，常在操练之余发愤读书，尤其喜爱《孙子兵法》。17 岁即考取随营将校讲习所，翌年又入工程营专门学校学习。他在学习军事知识的同时，对西方传入的科学技术知识也产生了极大兴趣，开始关心天下大事。不久又加入刘静庵、曹亚伯等人创办的"日知会"，并成为该会的一名活跃分子。1906 年，吴兆麟入参谋学校，三年后以全校第一名的成绩毕业，任工程营左队队长。

　　起义首先在工程营内爆发。由于起义者大部分是士兵和下级军官，主张"排满杀官",不少军官被杀害或逃避,加之起义计划泄露,组织者被清政府捕杀,使起义陷入混乱。作为左队队长的吴兆麟,此时不顾安危,挺身出任起义总指挥。因为他曾任"日知会"理事,学识广博,得到起义士兵的一致拥戴。他高声问起义士兵:"你们的代表推举我为总指挥,你们愿意吗?""愿意!"士兵们回答。

"如果愿意,就要听从指挥,违令者斩!"吴兆麟宣布。

"听从指挥!违令者斩!"士兵们的态度非常坚决。

于是,吴兆麟下令:分兵两路攻占督署;消灭宪兵队;固守楚望台军械库;夺取中和门,策应并掩护炮队入城,破坏敌人交通和通信系统。吴兆麟对拿破仑的炮战战术颇有研究,他利用大炮射程远、杀伤力强的特点,指挥火炮向督署衙门守军猛烈轰击。湖广总督瑞澂被隆隆炮声吓破了胆,眼见电话线被切断,指挥失灵,便仓皇从后院破墙而逃,躲到"楚豫号"兵舰上。夜半时分,天降小雨,全城断电,一片漆黑。清军借夜幕拼力顽抗,义军炮兵失去目标,一些士兵逡巡不前,督署久攻未下。第一路军指挥邝杰擅自率队退回楚望台指挥所。吴兆麟见状大怒,命令处决邝杰,以肃军纪。经众人求情,吴兆麟才宽免邝杰一死,乃通告全军以此为戒,下不为例。他先向部下晓以利害:"今夜如不将敌人击溃,到天亮之后,我们就会被敌人消灭。"随后又从预备队中挑选了百余名士兵,采用火攻,亲自督率猛扑督署衙门。熊熊大火给炮兵指示了目标,瞬时枪炮声大作,使清军顿时大乱。激战至凌晨5时,革命军攻下督署,起义成功了。

正当双方交战正酣、相持不下时,吴母叶老夫人闻听吴兆麟担任了起义总指挥,又急又担心,竟致全身剧烈颤抖,突然倒地而亡。吴兆麟获悉后心中悲痛交加。但因战事方兴,无暇顾及,急令家人回去照料,自己仍旧坚持指挥。直至次日午时攻占汉口及汉阳兵工厂之后,他才回家料理丧事。

首义成功了，湖北各界代表共同推举吴兆麟为全省都督。吴兆麟以年少资浅之由坚辞不就。当他得知原清军第二十一混成协统领官黎元洪尚在武汉，便派人找到黎元洪。黎元洪见革命军前来领他去见吴兆麟时，吓得浑身发抖，百般推脱，连说："吴畏三乃余之学生，富有军事学识，有伊一人足矣！"来人见他执意不从，厉声喝道："从则生，不从则死，统领自己选择吧！"黎元洪只好从命。吴兆麟闻讯后派兵列队鸣号欢迎。黎元洪身着青呢长夹袍，头戴瓜皮小帽，来到楚望台。他一面强笑着向众人拱手道贺："各位辛苦了！"一面却私下责问吴兆麟为什么"造反"。在讨论成立军政府的会议上，吴兆麟、汤化龙等人推举黎元洪为湖北都督，得到大部分与会者的认同，但黎元洪仍然不肯就职，遂被软禁在军政府中。

10月中下旬，清政府派重兵南下，围剿镇压武昌革命。吴兆麟与各将领一道指挥汉口保卫战，与清军展开殊死战斗。苦战之下，汉口、汉阳相继失守，黎元洪携都督印逃往葛店，武昌危在旦夕。吴兆麟毅然继黄兴之后出任民军总司令，力撑危局。正当战事处于胶着状态，英国使节盘恩来到吴兆麟的洪山司令部，表示愿在清军与民军之间调解停战，但提出要见黎元洪并在停战协议上加盖都督印。吴兆麟急中生智，假说都督府失火，黎元洪已移到刘家祠办公，可派人前往取印。他一面安排盘恩在司令部用饭，一面派人在城里找到一名刻字工匠，匆匆刻制了一枚都督官印，促使停战协议达成，武昌得以转危为安。嗣后，清廷逊位，南北议和，吴兆麟任大元帅参谋总长，兼陆军第五师师长。但黎元洪施用调虎离山之计，将吴兆麟、窦秉钧等首义军官调往北京。

后来，吴兆麟解甲归田，回到湖北，虽仍被大元帅府聘为最高军事顾问，但他已无心参加，转而致力于家乡社会公益事业，先后主持修建了樊口堤、五唐黄堤的工程。1923 年秋，章太炎发起成立辛亥首义同志会，推举他为武昌首义同志会理事会主席。1938 年，武汉沦陷，日军得知未能撤离的吴兆麟是一位颇有影响的人物，软硬兼施，欲使他出任伪军总司令。吴兆麟坚辞不允，遭到软禁。目睹国土沦丧，民不聊生，吴兆麟的精神上承受着极大痛苦。1942 年 10 月 17 日，吴兆麟饮恨而逝，终年 60 岁。

"取义成仁" 共和魂

——记辛亥烈士张钟端

———

石 蔷

少年有志，忧国忧民

张钟端，字毓厚，1877 年出生于河南省许昌县长春庄的一个书香世家。张钟端的少年时代，正是晚清政府政治极度黑暗的历史时期。张钟端的父亲张增福精通医术，是闻名乡里的老中医。某年冬天的一夜，许州长官命令张增福去府衙侍候。张老先生为人刚正不阿，平素不屑于趋附权贵，便告以年事已高，身体有疾，而婉言辞绝。州官老爷觉得自己威风扫地，因而恼羞成怒，寻机将张老先生拘捕狱中数日。体面的张老先生受此凌辱，愤而呕血，怀恨以终。家门不幸使年幼的张钟端开始认识到统治阶级的腐败和社会的黑暗。

父亲过世后，家道渐衰，张钟端兄弟二人便由母亲独自抚养，幸赖母亲杨氏夫人贤明干练，吃苦耐劳，不仅善于持家，尤其教子甚严。张钟端天资聪颖，且勤奋好学，所以书念得极好。张钟端 20 岁左右时，不仅学识宏通，而且素有大志，常与人言："大丈夫应光明磊落，多为百姓办好事。"平日关心国事，时与同窗好友论及民族兴亡，激昂慷慨，忧国忧民、以身报国之情溢于言表。

东渡日本，鼓吹革命

1905 年，张钟端以优异的成绩考取官费留学，被河南大学堂派送日本学习。初在预备学校学习日语，后入东京中央大学专攻法律。同年 8 月，孙中山在日本创立同盟会，倡言革命。他考虑到河南战略地位举足轻重，将为革命成败的关键之区，因而十分重视对河南革命力量的培养，特派最早加入同盟会的张继等人迎接留日的河南学生。孙中山还在自己东京八番町二十号的住所亲自会见河南留学生，向他们灌输民主革命的思想。张钟端素负救国之心，早已倾向革命，到东京后，得与革命党人频繁交往，如鱼得水，旋即加入同盟会，投身革命。

要革命成功，必须唤起民众的力量。张钟端加入同盟会后，便积极从事革命的宣传鼓吹工作。当时，河南民众的革命意识较东南一带落后，河南民智的启发工作尚属空白。为扭转这一局面，张钟端联络其他河南籍同盟会员，决定创办河南第一份资产阶级民主革命的刊物——《河南》杂志。为此，张钟端自告奋勇，于 1906 年请假回国，赴河南尉氏县去说服开明富孀刘青霞女士前往日本考察，捐资赞助革命。翌年，刘青霞随兄东渡日本，在张钟端的引荐下结识革命党人，不久加入同盟会，并捐款 2 万元支持《河南》杂志。1907 年 12 月，《河南》终于问世，张钟端出任总经理，刘积学担任编辑。《河南》杂志很快便成为宣传资产阶级民主革命的重要阵地。它不仅从政治上，而且深入到思想文化领域批判封建主义，声讨清王朝的统治，驳斥改良主义。其宏文伟论足与《民报》相伯仲。留学界以自省名义发行杂志而大放异彩者，是报实为首屈一指。《河南》每期销流万份，以输入本省者占半数。它鼓舞和振奋了海内外的革命志士，对沉闷的河南各界尤起到了振聋发聩的作用。当时老同盟会员冯自由认为："河南人士革命思想之开发，此杂志之力多焉。"这一成就里凝聚了张钟端的心血和汗水。

《河南》当时特约周树人（鲁迅）以"令飞"笔名发表文章；而张钟端则以"鸿飞"笔名发表长篇政论，抨击封建专制，批驳改良主义，鼓吹暴力革命，二者文章尖锐深刻，卓尔不群，当时人所瞩目，世以"二飞"并誉。《河南》影响之大亦得力于此。

《河南》旗帜鲜明地主张推翻清朝封建专制政府，建立资产阶级民主共和国；它唤起了人民的觉醒，造成了广泛而巨大的舆论力量。清政府十分仇视《河南》，特派驻日公使蔡钧勾结日本警署，请求日方对《河南》代为禁止。于是《河南》出到第十期时被封禁，总经理张钟端被拘捕，数日始释出，而张之留日官费学籍，即因此事被清使馆借口革除。张钟端在刘青霞女士和其他同学好友的多方资助下，继续以自费完成全部学业。

忍别妻子，回国举义

张钟端在日本留学期间，结识了医学系的日本女大学生千装伦子。这位温柔多情的少女，倾慕张钟端的人品才华，冒着政治上的风险，爱上了这位叱咤风云的革命党人。二人志趣相投，不久结合，住在东京下谷区三轮町一二〇番地。千装伦子无微不至地照顾着张钟端的生活，全力支持着他的革命事业和学业。

1911 年夏，张钟端毕业于东京中央大学法律系。此时，国内辛亥起义正在酝酿之中，千装伦子已临近分娩。张钟端为了革命的大业，忍痛抛别临产的爱妻，登轮渡海，毅然投身到祖国如火如荼的革命斗争中去。

此时，刘青霞女士的哥哥马吉樟正出任湖北臬台（按察司）一职，张钟端回国后即入其幕，往来武汉、宁沪间，从事革命活动。

1911年10月10日，辛亥革命一声炮响，湖北革命党人领导的武昌起义首告成功。各省纷纷响应，全国革命形势顿时间风起云涌。河南北靠直隶，南邻湖北，东与山东、安徽相接，西和陕西、山西接壤，以为革命军与袁世凯对垒之冲。如能起义独立，不仅可断入鄂清军的后路，且能拆北京清廷的屏障，以成直捣黄龙之功。因而河南被革命党人视为"南北关键"。武昌起义刚刚胜利，湖北军政府立即颁布《檄河南文》，号召河南人民"与我同心协力，趁此时机……速定大计，共成义举"。河南革命党人决定迅速组织起义，与湖北遥相呼应。

10月13日，同盟会河南支部在开封法政学堂秘密召集会议，由刘纯仁主持，商定立即策动留守开封的二十九混成协的官兵起义，并准备推举协统应龙翔为都督。应龙翔虽同情革命，但拒绝与革命党合作，不久即被河南巡抚宝棻设计囚禁。刘纯仁也在赴洛阳说服北洋军周符麟部反正时惨遭杀害，第一次河南举义失败。

10月27日，清政府为挽回危局，起用袁世凯为钦差大臣。30日，袁世凯离开河南彰德南下，率北洋军进攻武汉，先后攻占汉阳、汉口，黎元洪退到武昌，革命形势危急。湖北军政府连电独立各省求援，而革命党人对之期望特殷的河南尚无揭竿之举，颇受南方指责。此时，正在武汉从事革命工作的张钟端刚刚接到东京来电，得知爱妻已分娩，生下一对男孩。这位年轻的父亲虽不胜欣喜，却只是回电给两个儿子取名为梦梅、兆梅，连新生的儿子都不能见上一眼，便挥泪投笔，临危受命，奉同盟会总部指示，离汉回豫担当大任。

11月29日夜，在开封公立法政学堂的一间屋子里，革命党人正在秘密集会。一位30多岁，身着西装、眉目英俊、气宇轩昂的男青年正在讲话，他便是同盟会河南支部负责人张钟端。回河南后，他先在豫东一带联络民间秘密反清组织"仁义会"，今天又风尘仆仆地赶到省城开封，此刻他激动地对大家说："汉口、汉阳失守，我们河南应该负责任。袁世凯是河南人，我们河南若不革命，还有啥面目见全国父老兄弟？"话至此，他那英姿勃发的脸孔表情更加严肃、坚定，他加重语调又说："如果我们现在发动起义，还可以挽回战局……"另一名河南革命党骨干周维屏起声应道："对！我们举行起义，截断清军后路，支援湖北……"他们的话得到与会者的一致赞同。张钟端接着同大家分析了当时的形势：防守开封的军队先后被宝棻及新任巡抚齐耀林调往外府州县，镇压各地起义。留驻省城的只有柴得贵统领的两个巡防营，一队新军炮队及从湖北撤回的张锡元部的残兵败将，另有1000多名无弹巡警，其中部分与革命党人建立了联系。敌人防守力量比较薄弱，是夺取省城的极好机会，于是决定组织第二次起义。张钟端有胆有识，被公推为革命军总司令，待胜利后担任河南都督，周维屏为副都督，并拟定行动方案如下：

一、在开封城内组织已联络好的军、商、学各界革命人士，先攻占铁塔寺旁的弹药库，配备弹药后，再分两路攻占巡抚衙门，同时，留500人监视龙亭附近的满营旗兵及警卫司令部。命张照发任革命军协统，刘凤楼为革命军督队长，王天杰为革命军敢死队队长，所有人左臂均缠白布，以便识别。

二、组织20人的暗杀队，张德龙任队长。起事后刺杀巡抚齐耀林和巡防营统领柴得贵等，使敌人群龙无首，指挥不灵。

三、命令豫东民军指挥岳屹，新郑和中牟民军指挥吴沧洲带队伍预先埋伏在城东大堤外和城西近郊，等城里打响后，里应外合，攻取省城。

四、定于 12 月 23 日凌晨 3 时，以敢死队在龙亭、鼓楼放火为号，各路义军同时行动。

起义方案确立后，革命党人便分头进行紧张的准备工作。革命军协统张照发负责联络巡防队，四处活动，日夜奔忙。巡防队的张光顺发现张照发行动可疑，遂报告统领柴得贵，并在柴得贵的指令下去找张照发，表明自己支持革命，请张照发介绍加入革命党。张照发见其态度诚恳便答应了。张光顺为了进一步取得张钟端等人的信任，又在夜间焚香发誓，赌咒说："如有二心，雷霆击死！"并与革命党人歃鸡血为盟，终于骗取革命党人的信任，打入革命党内部，参与了各种会议，掌握了全部的机密，并随时报告给柴得贵。而革命党人却还蒙在鼓里，毫无觉察。

1911 年 12 月 22 日夜，开封城东优级师范学堂西一斋宿舍里，灯火通明，一片忙碌，革命党人有的在赶制安民告示，有的在准备武器。总司令张钟端和其他领导人正在布置有关起义的任务，大家明确责任后整装待发，心里都充满了临战前的期待与兴奋。然而，他们何曾想到自己精心布置的计划，期盼已久的胜利，却因奸细的出卖而付诸东流！深夜 11 点钟，离起义的发动只剩几个小时，这时，早已埋伏在学堂附近的巡防队在柴得贵的带领下冲进西一斋宿舍，张钟端、周维屏、王天杰等 21 位革命军首领在毫无防备的情况下，未及反抗而被捕，第二次河南起义又告失败。

英年早逝，身后凄凉

张钟端被捕后，巡抚齐耀林命令营务处商作霖等进行审讯。此时正值袁世凯与南方革命党商谈停战议和，河南不便公开屠杀革命党人。商作霖便对张钟端严刑拷打，备极残酷，妄图逼迫他承认自己是"土匪"。张钟端受尽折磨，仍坚贞不屈，并在审讯时慷慨陈词："方今人心思汉，胡运将踣,武汉振臂,全国景从。我豫管毂南北,举足轻重。此间同志四百余人谋据省垣,共图大举……成则促鞑虏之命,败则为共和之魂。"表现了他视死如归的无畏精神。商作霖逼问他:"同党共有几人?"他愤声答道:"除满奴汉奸外,皆是同党。"其宁折不弯的凛凛正气,使敌人不敢正视。

12月25日,开封城风雪飙厉,天地晦冥,张钟端等11位革命志士拖着伤痕累累的身体,昂然走向南关刑场。当张钟端被缚木桩时,他仍连声高呼:"共和万岁!""革命万岁!"刽子手枪声响后,张钟端竟中十余弹。烈士的鲜血染红了这荒郊古道,"共和"的呼声仍在中州大地久久地回荡!烈士遗体被暴诸城外多日,路人睹之,莫不掩面悲泣。

"人生自古谁无死,唯取义成仁,方能不朽。"张钟端用自己短暂的一生,用自己年轻的热血,完成了"舍生取义"的壮举!实践了他生前与朋友、与家人互勉的誓言!就义时,他年仅34岁。而他在东京的爱妻千装伦子此时又何曾知道她心爱的人已身殉"共和",还不曾见过父面的一对天真可爱的儿子从此再也不可能有机会绕父之膝,享受天伦了。

民国成立后,1912年春,民国政府发给张钟端家属抚恤费3000两银子,由革命党人陈伯昂及烈士之弟张钟灵赴日本,把烈士之妻千装伦子及双子梦梅、兆梅接送回河南老家许昌县。婆媳祖孙相聚,一家人百感交集,抱首而泣。千装伦子在许昌两个多月的生活中,始终心情忧郁,加之水土不服,乃决定携子返日。但因烈士的母亲舍不得孙子漂流异国他乡,千装伦子无奈,寻夫不见,又别离幼子,孑然一身,孤独地踏上了寂寞凄苦的归程。不想母子分手竟成永诀!亲人天各一方,伴着对烈士亲人的长长思念,频繁地书信来往。梦梅、兆梅兄弟后毕业于父亲曾就读过的河南大学。抗战爆发后,二人失去了与母亲的联系,战后,千装伦子不知所终,母子双方竟终生不复相见。

长留浩气在人寰

——辛亥先烈范鸿仙

———
寿魁成

在南京紫金山南麓，有一座鲜为人知的陵墓，它由墓包、墓碑和墓道三部分组成，四周绿荫葱葱，宏伟壮观。辛亥革命先烈、铁血军总司令、陆军上将范鸿仙的忠骨就安放在这里。

鼓吹革命

范鸿仙，名光启，别号孤鸿，生于 1882 年，系安徽合肥人士。1908 年，范鸿仙在上海加入同盟会，与章炳麟、于右任、陈其美、宋教仁等同为反清讨袁志士。同年 5 月，于右任在上海创办《民呼报》，范鸿仙任主笔，常以"孤鸿"为笔名，在报上发表文章，反对专制，提倡共和，鼓吹革命，在江浙一带颇有影响。

由于《民呼报》不断揭露清王朝的黑暗腐败，被中外反动派视为眼中钉。1908 年 8 月，上海公共租界查封了报社，拘捕了于右任。范鸿仙闻讯，四处营救，并挺身而出，前往租界会审公廨投案，自己承担责任，使于右任得以获释。

1908 年 10 月，范鸿仙、于右任又以《民呼报》为基础，创办了《民吁报》，范鸿仙任社长。报纸发行后，他在报上组织了一个反对日本帝国主义侵略的宣传高潮。日本驻上海总领事以"煽惑破坏，有碍日中邦交"为辞，控告《民吁报》，使该报又被迫于 11 月 9 日停刊。

但是，范鸿仙、于右任等并不气馁，经过一年多时间的筹备，于 1910 年 10 月又创办了《民立报》，范任总理，于为社长，继续开展革命宣传活动，成为同盟会的重要喉舌。

组建武装

为准备在长江中下游地区开展武装起义，1911 年 7 月，同盟会中部总部在上海成立，范鸿仙被推举为候补文事部部长及安徽分部负责人，领导长江各省的革命运动。辛亥武昌起义后，范鸿仙立即在《民立报》上发表文章，热情歌颂革命，称辛亥年为"诞生革命之岁"，"诚有史以来所未有"，敦促清政府悬崖勒马，缴械投降。同时，范鸿仙积极策划长江下游各省起义，先后参与安徽、上海、江苏的独立光复。苏沪光复后，张勋率清军江防营盘踞南京，严重威胁苏沪安全。

为了光复南京，范鸿仙积极动员驻扎在南京城郊秣陵关的新军第九镇统制徐绍桢率部起义。他对徐绍桢说："满清无道，百姓分崩。今义师奋起，海内响应，此天亡之时，将军明德英才，总兹戎重，苟动桴鼓，扶义征伐，孰敢不从？以此诱锄胡虏，匡救华夏，诚千载一时之机也。"并指出："张勋兵临阵前，倘不奋起杀敌，必然被他宰割。当今之时，只有征召将士，众擎协力，击败江防军，才能顺人心，振士气，而为天下之倡也。"徐绍桢闻言大受鼓舞，立即动员士兵进攻雨花台，但终因缺乏弹械而败退镇江。

第九镇秣陵起义失败后，范鸿仙又奔走于沪镇之间，组织江浙联军力谋光复南京，并以大义说服联军各将帅，推举徐绍桢为联军总司令，使军事复振。徐绍桢在新败之余，得范鸿仙如此推重，十分感激，率领联军全体将士奋勇杀敌，终于击败清军江防营，光复金陵。

张勋退出南京后，江浙联军内部出现了一场新的权力之争。镇军司令林述庆首先入城，自恃功高，驻军两江总督衙门，遍贴布告，自称苏军都督，引起各友军的严重不满，纷纷公推徐绍桢为苏军都督，与之对抗，大有水火不容之势。范鸿仙闻讯，又与宋教仁等奔赴南京，向联军各将领会商调解。经多方协商，大家一致公推程德全为江苏都督，徐绍桢为南京卫戍司令，林述庆为北线军总司令，使联军内部避免了一场自相残杀的内讧。

1912 年 1 月 1 日，孙中山先生在南京就任中华民国临时大总统。在国内一片和平声中，范鸿仙仍保持清醒头脑，他认为清廷仍在，大局未定，不可轻敌，必须有革命武装保卫共和。于是，他请示孙中山允准，亲赴安徽招募江淮健儿 5000 余人，编为两个支队，号称"铁血军"，自任总司令，以北定中原，谋求统一。是年 4 月 1 日，南北议和，孙中山先生从国家利益出发，让位于袁世凯。范鸿仙极力反对，他慨叹地说："伪孽虽去，袁贼未枭，北庭诸将，各仗强兵，跨州连郡，人自为守，而无降心。今权一时之势，以安易危，共和之政，不三稔矣！"并愤而辞去总司令之职，退居上海，重执笔政。袁世凯窃位后，以重金征聘，均遭范氏拒绝。

惨遭暗刺

在孙中山先生发动以护国讨袁为中心的"二次革命"时，范鸿仙站在斗争的前列，曾策动驻芜湖的原铁血军一部起义，被推举为安徽都督。由于革命军内部分化，连战不利，"二次革命"失败，范鸿仙亡命日本，继续协助孙中山筹建"中华革命党"。

1914年2月，范鸿仙受孙中山先生之命，再次返回上海发动反袁斗争，策动北洋军内部一些倾向革命的将士为内应，准备攻打袁世凯在上海的大本营——上海镇守使署。当时，袁世凯悬赏重金10万块银圆，缉拿范鸿仙。范鸿仙不顾个人安危依然进行革命活动。不料，事机泄露，9月20日凌晨，范鸿仙在戈登路总部起草军书，袁世凯派遣的一伙匪徒突然从窗口跳入，向范的腹部和腰际连刺七刀，临逃时还补开两枪，子弹直穿胸膛。当侍卫人员闻声赶到，只见范氏大张两目，紧握双拳，已死于血泊之中。时年32岁。

范鸿仙遇害的噩耗传出后，全国震惊，革命党人悲愤不可言状。孙中山先生在日本获悉后，十分关切，立即电邀范夫人李真如前往东京，并指派原铁血军支队长龚振鹏护送，以策安全。当李真如携带八岁的幼子范天平来到孙先生的寓所时，孙中山向范夫人详细询问了烈士遇难的经过，十分悲痛地对范夫人说："二嫂，你要节哀保重，好好抚养儿女。将来只要我孙文回长江，我吃饭，你们也吃饭，我吃粥，你们也吃粥。待革命成功，定将为鸿仙国葬。"说罢又抚摸范天平的头，慈祥地对他说："孩子，你要好好求学，继承父志。你父亲一生所作所为，顺乎时潮，合乎民心，是虽死犹生的。"李真如听了孙先生的一番肺腑之言，极为感动，声泪俱下，表示一定要铭记孙先生的教导，把孩子抚养成人，以期为国效力。

浩气长存

范鸿仙遇难不久，孙中山先生在《民国三年致邓泽如述范鸿仙被杀事》一文中写道:"前月范鸿仙君在沪被刺。范君系安徽旧同志,办事甚久。此次担任上海事,已运动北军过半。袁贼一方知其势不可遏,乃悬红暗杀之花红6万元。其死与宋教仁相类。"又说:"革命不患成功之迟早,而患死事之无人。有此影响,有此模范,及于各省,则革命之成,当甚近耳……范君流血,以种将来之果,断非徒死者也。"对范鸿仙的一生给予了高度评价。

1935年3月21日,国民党第163次常务会议通过了于右任、叶楚伧的提议,追赠范鸿仙为陆军上将,附葬于孙总理陵区内,增拨葬费,明命褒扬,事迹宣付党史。蒋中正、蔡元培、林森、张继、于右任等28人发起"征碑启"。

1936年1月3日,国民政府在南京举行祭奠。楠木灵椁上覆盖着"范鸿仙先烈精神不死"的绸带,祭堂中悬范鸿仙遗像,厅内陈列烈士血衣,四壁高挂各界挽联600余轴。于右任先生写了祭文,冯玉祥将军亲题挽联:"为民救命,为国尽忠,溯华生经武整军,懋著奇功光史乘;此头可断,此志不屈,痛先烈成仁取义,长留浩气在人寰。"安葬时,送椁行列长达里许,礼仪庄严隆重,为民国建元后举行国葬之第二人。

义炳千秋

——徐镜心生平事略

———

久　深

一

徐镜心，字子鉴，1873 年生于山东省黄县馆前后徐家村。徐镜心少年时代学业优异，胆识超群。14 岁那年，与几个同窗好友探幽涉奇，游历罗山仙人洞时，顶峰险峻，无人敢登，他神色自若地攀上顶峰，吟罢李清照"生当作人杰，死亦为鬼雄，至今思项羽，不肯过江东"的名句，振臂大呼："打倒贪官污吏!"直吓得同游者面色苍白，连喊"小心"。

1894 年，恰逢大比。26 岁的长兄徐镜清赴考怯场，在家长的威逼下，20 岁的徐镜心虽对清廷文恬武嬉、弄权愤事的腐败现象深恶痛绝，却不得不陪同前去登州（蓬莱）考秀才。

行前，望子成龙的徐老太爷再三叮咛，一定要考好，莫使阖家触望。

徐镜心自信地说："别的莫絮叨了，你们尽管备下接风酒就是啦！"

入场后，他早早交了卷子。揭榜时，徐镜心果然中了第三名。徐镜清也名列榜首。考官对这兄弟双双得中也暗暗称奇，特赠了块"乃兄乃弟"的匾额以示奖掖鼓励。

随着年龄的增长，徐镜心已开始关注国家的命运和时局的发展，并进一步看清了清政府朝纲紊乱和腐败无能。他对同科秀才、蓬莱人孙丹林说："读书贵在实用。建功立业的刘邦项羽都不是寻章摘句的书虫子！我们要关心国事……"

金榜题名后，他没有像家里人那样高兴，也没有为参加三年一次的秋闱——乡试继续攻读。面对现实，他的心情反悒郁沉重起来。

当年 7 月 25 日爆发的中日甲午战争对他震动很大。距黄县较近的刘公岛那边隐隐传来的炮声，使他心如油煎，寝食不安。邓世昌战死，他隔海遥拜；丁汝昌自杀、北洋海军覆没，使他痛不欲生；李鸿章与日本签订"马关条约"，他嗤之以鼻；孙中山先生领导的广州起义失败，他扼腕唏嘘；台湾割让日本、青岛租予德国、威海借给英国……国事日非，危机四伏，当权者横征暴敛，贪赃枉法；黎民百姓怨声载道，叫苦连天……及读过康有为、梁启超创办的《时务报》《中国魂》等报刊以及《法兰西革命史》《美利坚独立史》，他逐渐萌生了反对封建专制，趋向政治改革的思想。

二

1901 年，徐镜心入烟台毓材学堂读书。结识了日本籍教员仓谷箕藏。仓谷在国内倾向明治维新，是明治贤相伊藤博文的信徒。他看不惯清廷官可钱买、政以贿成的腐败现象，同情中国革命。两人志同道合，结为生死之交。

1903 年春，徐镜心由济南山东高等学堂远走东瀛留学。他先去弘文书院补习日语，后入早稻田大学政治科学法律。

当时国内反清民主革命浪潮一天比一天高。兴中会、华兴会、光复会纷纷创立，农民起义、会党暴动风起云涌。留日学生鼓吹革命的书报《訄书》《警世钟》《猛回头》如雨后春笋，大量出版发行。山东留学生丁惟汾（1874—1954）在明治大学学法律，他创办的周刊《钟声》，鼓吹革命，抨击时弊，对徐镜心的影响很大。

随着形势发展，视野开阔，徐镜心的思想认识出现了飞跃。开始觉悟到，中国的前途不是走康、梁所倡导的维新改良道路，而是要用革命手段把清王朝推翻，这才能挽救民族危亡。

1905 年，孙中山结束了为期一年的欧美宣传活动抵达东京，与黄兴在风乐园会面时，建议把反清组织联合建成"同盟会"，共同致力革命。孙中山与黄兴邀集了宋教仁、张继、陈天华、宫崎寅藏、末永节、内田良平及徐镜心和全国留日学生代表、旅日华侨、革命志士 70 余人召开了筹备会。孙中山宣讲了国内外革命形势，提议以"驱除鞑虏，恢复中华，创立民国，平均地权"作为同盟会章程，并在《民报》发刊词上正式提出了"三民主义"等救国方略。

同盟会成立后，公推孙中山为总理，黄兴为执行部庶务。徐镜心、丁惟汾被委为山东主盟，有权随时随地接收同志入会。很快，山东籍留学生有 50 多人加入了同盟会。

1906 年春，徐镜心归国。他先在济南山左公学任教，不久便回烟台。在仓谷的协助下，与胡瑛、谢鸿焘等筹资在西郊通绅冈创办了东牟公学、端本女校，招揽革命人才，进行革命活动。同时，他还授意分布在全省各地的同盟会会员利用清廷提倡私人办学的机会创办学堂，借学堂作革命活动机关。

仅两三年，黄县就办起学堂十多处。徐镜心利用自家油坊创办了明新学堂和坤元女校，请弟媳刁蕴兰出任女校校长。他创作了一首《打倒清帝制》的歌曲，在开学典礼会上教唱：

头角兮山崩，撞破自由钟；
嘴角兮海裂，饮尽匈奴血。
翻身登上大舞台，雷火天地开；
转脚踏渡昆仑顶，风雨欧美并！

明新学堂从开学就挂起了自制的红、黄、蓝、白、黑五色旗，象征汉、满、蒙、回、藏五族共和。当时各地都挂三角黄龙旗，唯后徐家村学堂独树一帜。

徐镜心留日前即剪掉了辫子，回国后首先动员学堂的学生剪。他还把子侄们召唤到一起，撒些糖果让孩子们抢着吃，乘其欢闹时取出剪刀"咔咔"地把他们的辫子剪下来。子侄们猝不及防，哭叫着跑去报告父母，引起一场轩然大波。亲友们群起而攻，骂他无君无父，犯上作乱。

1906 年 5 月，有人到济南告密：烟台东牟公学是同盟会机关。徐镜心闻讯后来到济南，借助谦泰洋行与师范学堂的同志联合登州同乡进行公开演讲。随后直奔山东抚院提学使公寓，向新上任的连甲大讲新政于国于民的裨益，并陈述了拟订的教育革新方案，直讲得这位大员连连点头。第二天，徐镜心在八旗会馆召集全省学界代表开会，欢迎提学使连甲。与会 2000 余人，秩序井然，终仪而散。连甲暗暗佩服徐镜心的组织能力，对他敬重起来。事后两人谈得愈加投机，徐镜心竟直言不讳，劝导连甲加入同盟会。

连甲与徐镜心接触只不过是想标榜自己开明，实则叶公好龙、笼络人心，一听真要他加入革命党，顿时大惊失色，起身环顾左右，吁了口气："我真服了你！也感谢你对我的信任。但我系朝廷命臣，清廷虽多有失政，我却不可忘恩负义。我们还是各保其主吧！你宣传革命能宣传到我名下，够大胆的了！只是今后万不可再提此事。我们井水不犯河水，好自为之吧！"说罢，端茶送客。

1906 年 7 月，为广泛发动民众，扩大革命队伍，徐镜心赶到莱州沙河镇珍珠村拜访同盟会会员邱丕振。

邱丕振在东京振武士官学校攻读时与徐镜心相识，家中以经营草帽辫出口巴拿马获奖，在海内外打开销路致富。徐镜心先拜见了邱丕振的父亲，希望得到老先生的支持。邱老先生被他那大义凛然的侃侃而谈打动了心，慨然应允："我有 10 个儿子。两个务农，四个经商，其余四个就交付你调遣吧！"并随手填写了一张 2 万元的银票，捐赠同盟会做经费。邱丕振刚从日本购来十几台织网机，办起天和织网厂，生意相当兴隆，也当即关闭停产，倾其所有，交付同盟会。从此，邱丕振带病与三个弟弟跟随徐镜心走上革命生涯，人称"邱氏四杰"。

徐镜心离开泉城不久，巡警道即奉谕悬赏通缉他，连甲闻讯吓得魂飞魄散，暗自思忖：此人卓尔不群，学贯中西，终非百里之才，招揽重用才是上策……

三

1907 年夏，徐锡麟、秋瑾等革命志士被害，白色恐怖笼罩全国。因北方支部组织上一直没能形成，徐镜心将省内工作委交刘冠三等主持，自去东北进行活动。他先在奉天实业学堂任教，后担任了日本人创办的《盛京时报》主笔。当时的《吉长日报》《长春报》《奉天日报》《微言报》主笔多是同盟会会员，他们利用这些舆论阵地揭露清廷腐败，倡建共和。

1907 年春，宋教仁奉孙中山之命由日本来吉林，借创办木植公司与在木税局任职的徐镜心，新军中的吴禄贞、蓝天蔚、张绍曾和在奉天提督府任军事参赞的张榕等组成同盟会辽东分会。这期间，徐镜心与张继、商震、陈干偕同日本友人末永节、古川清等结伴赴东三省演讲革命，招揽人才。徐有时扮成商人收购山货；有时扮成书贩子兜售书报；有时扮成民间艺人下乡串屯演唱"胶东大鼓"；有时穿件和服充日本人……他秘密结识了杨国栋等一批富有正义感的绿林头目，为推翻关外总督府，建立东北根据地，支援北方各省反清运动做了大量准备工作。

1908 年，徐镜心与左雨农一起介绍宁武、刘雍等加入了同盟会。正当他们计划进一步开展活动时，行踪被官府侦悉，被捕去多人，宋教仁、徐镜心幸赖吉林警察署署长连承基庇护得免于难。连承基是辽宁新金县人，1903 年毕业于日本警官学校，倾向革命，蓄意反清，对宋、徐十分钦佩，早已心仪其人。从此，连承基弃官不做，与徐镜心结为生死之交。徐镜心脱险后，潜赴延吉，由吴禄贞保护下来，挂了个"垦务委员"头衔，坚持革命活动。

两三年后，东北已发展同盟会员 300 余名，武装力量也相当可观：辽东联庄会，辽东、辽西绿林队伍，新军中吴禄贞、蓝天蔚、张绍曾所辖人马……阵容整齐，战斗力很强。徐镜心还与陈干等在长春组织山东同乡会，团结山东籍军人。新军六镇中山东籍官兵特别多，这部分人在后来的滦州起义中成为骨干。

1911 年春，徐镜心因母病回乡。在原籍逗留期间，他与邹耀庭、张殿邦等创立了黄县农会，在农民中进行推翻帝制、创建共和的革命教育。

4 月 27 日，黄兴等在广州举义。秋末，徐镜心赶回奉天，与革命党人在西关外南满铁路旁的辽东分会机关组成关外四路民军，计划发动奉天独立，夺取关外控制权。不料清廷传旨调新军入关，原计划被打乱，吴禄贞于动身前在皇姑屯车站大和旅馆与徐镜心、蓝天蔚等决定入关后相机直捣北京。公举蓝天蔚接任"关外革命讨虏大都督"、张榕为奉天都督兼司令，密谋驱逐总督赵尔巽。不慎谋泄。赵尔巽闻报立即召来咨议局副议长、立宪派头子袁金铠等密谋对策。袁金铠保举防营统领张作霖对付革命力量，又策划成立了"奉天国民保安会"，将张作霖所辖2000余人陆续调驻省城。随即，聂汝清取代了蓝天蔚的混成协协统，蓝天蔚被迫逃亡。形势对革命愈加不利。保安会使革命党人丢掉了"和平改革"的幻想，张榕等联合东北革命党人在奉天成立"联合急进会"，分赴各地发动起义。

党人顾人宜在庄河、复州打响了第一枪，接着徐镜心、商震、祁耿寰等先后在辽阳、凤城、辽中等地举义。赵尔巽急令张作霖坐镇奉天，组织军队和地方武装残酷镇压，东北举义终因组织欠周、伤亡惨重而失败。不久，吴禄贞、张榕为袁世凯、张作霖杀害，急进会员被迫疏散，潜赴各地待机再举。审时度势，徐镜心与刘艺舟、宁武、丘特亭等20余人由海路转抵烟台，为在胶东起事做准备。

1911年10月，武昌起义爆发，十余省起来响应。齐鲁大地遍传清廷拟将山东以300万元抵押德国以充实军需，各阶层群众愈加愤慨。同盟会也加紧了活动，徐镜心由烟台匆匆赶到济南，与丁惟汾、刘冠三等密谋促使山东独立。大家议定，分头联络同盟会会员深入发动各界人士，并将意图渗透给倾向革命的咨议局议员丁佛言及江苏候补知府、开明士绅夏莲居。同时，争取新军五镇协统贾宾卿参加独立。

山东巡抚孙宝琦是袁世凯及清廷庆亲王的儿女亲家，是个忠实的保皇派。当丁佛言等登门争取他支持独立活动时，他虽惶恐不安，却不愿顺应民意："我乃封疆大吏，也食君禄，在山东有守土之责。土不能守，唯有身殉！纵令不死，也不能带头宣布独立！"针对他这一死硬态度和整个时局，徐镜心等决定在咨议局议会厅召开全省各界代表大会，借社会力量压迫孙宝琦就范。

徐镜心等筹备集会力图推动山东独立的消息传开后，守旧士绅和立宪派便以他"处事峻急"为由，群起而攻。徐镜心不想因自己影响形势发展，激化保守势力与革命派的矛盾而牵动大局，主动提出不担任联合会主持人，而推举对新阵容扩大和对旧势力抗衡均有一定实力的夏莲居出任各界联合会会长。同时，也没因保守势力对自己的中伤攻击而释肩缩手、耿耿于怀，在协议独立过程中始终坦诚相见，畅所欲言，博得各界人士的由衷赞佩。

1911 年 11 月 5 日，济南同盟会会员、各界代表和五镇部分官兵出席了各界联合大会，明确提出了推翻君主立宪、建立共和政体、宣布山东独立的《独立大纲》。会议开始后，新旧两派冲突，会场秩序混乱，开明人士丁佛言拍案而起，慷慨演讲，主持正义，力压群声。迫于各界压力，孙宝琦勉强参加了于 11 月 13 日举行的山东独立大会。会议直开到晚上 9 点，他仍冥顽不灵地坚持"城存与存，城亡与亡"。丁惟汾、徐镜心等将大门上锁，禁止出入。孙宝琦无奈，将顶戴花翎取下往案上一放，带着哭腔说："既然你们认为独立对山东有利，我也不坚持己见了！"

丁佛言立即将事前写好的独立宣言张贴出来，提议推举孙宝琦为山东都督，全场一致通过山东独立。

11 月 16 日，孙宝琦托病请假，预谋撤销独立，按察使、布政使等官员亦纷纷辞职，表示不愿合作。鉴于反动士绅、立宪派的顽抗迫害，妥协势力的忌恨和自身对山东前途的忧虑，徐镜心决定去广州请孙中山先生指示今后的行动方向。

徐镜心到广州面见中山先生，中山先生关切地说："子鉴，斗争这样激烈，你何必到这里来呢？山东的事情你相机决断就是了嘛！"并指出：山东独立不可靠，孙宝琦是怀抱琵琶半遮面，隐退后面有杀声。孙中山安排徐镜心与上海军政府都督陈其美商订山东战略方案：一旦有变，先据烟台，后取登、莱，再图济南；责成上海军政府要给予实力援助；授权徐镜心，继续领导山东革命。

这时，袁世凯已进京组阁。孙宝琦在宣布撤销山东独立后，将山东军政大权按袁世凯的旨意移交张广建、吴炳湘，疯狂镇压革命党人。一时间，黑云压城，腥风扑面。

12月4日，徐镜心由广州赶到青岛，于刘冠三处得悉济南形势日趋恶化，烟台的王传炯也想随风转舵，依附北京政府……便疾奔车站，连夜乘车向烟台赶去。

四

1911年12月6日，徐镜心一行七人抵达烟台，第二天即会见同盟会山东分部同志，策划肃清反动势力，扎牢西征根基。

同盟会会员刘冠三、谢鸿焘等在徐镜心离开烟台这段时间，以东牟公学为依托，做了大量瓦解清军、争取独立的工作。11月13日——也就是山东独立的当天夜里，时称"十八豪杰"的革命党人兵分三路，发起武装行动。水产学堂的学生到西圩外一家店铺中抬出两桶煤油洒在茅屋草棚上，又将油桶装上鞭炮点燃，东山一家小饭铺也被点上了火。一时间烟火冲天，呼啪乱响。烟台道台衙门及都督府官兵猝不及防，兵备道徐世先乘乱逃往青岛。革命党人宫树德、杨德盛接管了海防营，另一路人马占领了巡警局、电话局和大清银行等要害部门，贴出安民告示。第二天，烟台街头锣鼓喧天，全市军民齐集道尹署开会，庆贺烟台独立。东山练营海军管带王传炯原奉北京政府之命，由天津乘舞凤舰赶来打算镇压革命，登陆后见有机可乘，转而发表了"推翻君主专制，促成民主共和"的演说，博得军民欢迎，后来组建军政府时又被推为总司令。

王传炯是个骑墙派，他暗中排挤革命党人，与孙宝琦遥相呼应，一听到形势吃紧就挂出青龙旗。近因孙宝琦撤销了独立，他便与混进军政府的虞克昌及董保泰等串通一气，预谋卷土重来，仍为清廷效力。针对这种局面，徐镜心先在烟台组成了"北方共和急进会"。王传炯担心失去民心，主动结识急进会员，要求加入急进会，但以兵力单薄为遁词，拒绝发兵西征。徐镜心风闻登州知府孙熙泽来烟台活动，王传炯在他的煽动蛊惑下已准备兵变，决定先发制人，佯举王传炯为都督，由党人接任总司令，褫夺其兵权。

17日下午，共和急进会在毓村学堂集会。请王传炯到场，交出总司令印信，推举他为都督。王传炯察觉有诈，再三推辞。徐镜心把脸一沉，威逼道："从则为友，不从则仇！"王传炯无奈，只好接受。软禁了王传炯后，徐镜心提议制订军政府章程、组建山东议会，改日召集各界代表公布执行。然而，董保泰等在东山海军练营见王传炯深夜不归，情知有变，急率所部200余人包围急进会，声言解救王司令。

急进会被围，会员们奋起进行还击。徐镜心连抛出四枚炸弹后，自料敌众我寡，乃决定只身前去日本人的"芝罘报"社请记者仓谷及经理桑名贞治郎前来调停。但几次出门均被阻回。最后军警要绑架他，他怒斥道："我是急进会长。你敢绑会长，不怕军法制裁？！"

军警不听。有人呼叫要枪毙他。徐镜心急了，高喊："枪毙了我，要由王传炯偿命！"王传炯隔墙听到，急忙喝令放行。

徐镜心请来仓谷和同情中国革命的桑名贞治郎。桑名贞治郎以保护报社财产为由会见王传炯，正告他："你若是个识时务的人，在眼前这种局势下不赞助革命罢了，哪能螳臂当车，阻挡革命！"王传炯一面漫应着走出门外喝令军警闪开，将急进会人员送到"芝罘报"社；一面率兵回营，宣布全城戒严，搜捕党人。性命已保，他又三番五次与日本领事交涉，诬蔑徐镜心为土匪，指令交人或到报社捉人，但遭仓谷与桑名贞治郎极力抵制。12月23日，急进会员集聚"芝罘报"社，准备继续与王传炯决战。后经地方士绅出面调说，王传炯要了个花招儿，释放了在押的急进会员，并送来700块银圆，说是路费，实为下通牒逐党人出境。徐镜心识破王的伎俩，严正抗议："急进会的去留王传炯无权妄加干涉！"

这时，徐镜心得悉有数百名参加关东举义的散兵在大连集结，遂决定于1912年1月5日由海路北上，去大连搬兵。行前，他亲去登州勘察了城防地形，并在北门涵碧楼与同盟会会员孙丹林见了面，发展了华提士药房经理柳仲乘等为同盟会会员，为光复登州、发兵西征作了准备。

徐镜心到大连建立了急进会总部。仓谷因在"芝罘报"发表文章支持徐镜心，清廷与日方交涉勒令回其国。仓谷遂决定去大连参加中国革命，并介绍旅居大连的日本友人栗田、乔木、石井投奔总部。暌违多日的连承基也带着一部分散兵到总部报到，招募的散兵已近500名。日本友人购来武器，邱丕振捐资添置了弹药。徐镜心向登州知府孙熙泽发出警告信，造声势迫使他逃亡济南，令其所辖牟平、福山等十县清兵不敢轻举妄动，减轻了攻取登州的压力。

1月10日，徐镜心电催孙丹林到大连。孙丹林动身前向登州急进会员部署了内应任务，并约定了电报暗语。在大连日本人经营的旅馆速浪町与徐镜心交换了意见后向登州发出行动密电。14日午后，先遣队孙丹林、邱丕振等乘上仓谷用3000块大洋贿买的日轮"龙平丸"先行；徐镜心、连承基等装扮成商人，声言去烟台，率领扮成旅客的大队人马乘上租包的"永田丸"后随。船到中途，民军取出藏在行李中的武器，威逼船长改航。

拂晓，天降小雪。先遣队在"龙平丸"上遥见蓬莱阁旁的岸标灯闪闪发光，炮台山上有白旗隐隐晃动，已知内应得手。5时30分，佩戴白袖章的内应人员摇来舢板引渡，孙丹林等闯进海滩清兵帐篷，将酣睡中的清兵缴了械。徐镜心率大队登陆。一队人马由孙丹林率领直取炮台，与内应人员会合，居高扼险，控制了全城；一队人马直扑水师营，生擒了毫无戒备的统领王步青。9时，民军与内应人员接管了府衙、电报局和自治会，贴出安民告示，登州光复。

王传炯在烟台获悉民军占领登州，"关东革命讨虏大都督"蓝天蔚将由上海乘舰抵达北方的消息，惶惶如丧家之犬，连夜逃往天津，临逃电告莱州总兵叶长盛敦请征讨登州民军。

当晚，徐镜心等进入登州府衙集会，推举连承基为都督兼总司令，邱丕振为登州军政府司令，孙丹林为总秘书长，仓谷为炮兵司令……表彰了参战有功人员。孙丹林等原拟推举徐镜心统率民军，他对徐镜心说："论德定次，量能授官。你戎马倥偬，劳苦功高，深孚重望，执掌全权实至名归，无可厚非。都督首席大家意属于你。"徐镜心谦虚地说："连承基、邱丕振都有一定的民众基础。我们不要忘记中山先生要做大事，不要做大官的教诲。"最后，徐只答应担任参谋长。

军政府经过一番整顿，厉兵秣马，于17日开始向黄县进发。

五

黄县古为莱子国，俗称"金黄县"，物阜民丰，繁华富裕，因受徐镜心的影响，自1903年以来有邹耀庭、王叔鹤、张殿邦等40多人加入了同盟会。这些人早在山东独立前后即遵照徐镜心的意旨，以维持地方治安为名，组成了冬防队，掌握了地方武装力量。王叔鹤在县内比较有威信，在登州光复的消息传来后被推举为黄县副民政长，主持组建民政署和迎接民军事宜。

1月17日清晨，登州民军先头部队抵黄后，召开了黄县光复大会，次日即分头向北马镇、龙口镇进攻。清兵闻风而逃，退守新城，民军截获了其部分辎重银饷。当日，文登、荣城宣布独立。

山东巡抚张广建听说孙中山拟委胡瑛前来督鲁，愈感不安，急令莱州总兵叶长盛发兵反扑进剿民军。民军与清兵在北马镇西接火，因实力悬殊，退守县城。这时，蓝天蔚奉陆军总长黄兴之命，由上海率德国造巡洋舰"海琛""海容""海筹"号，满载1200名北伐军来北方支援滦州革命，中途得悉滦州革命失败，转抵烟台停泊。接到黄县告急电报后，蓝即令"海琛"号驰援。"海琛"号抵达龙口海面后，因犒军款未付足，停泊六七天不肯靠岸。徐镜心等不到登州援兵，又见"海琛"号不肯傍岸，十分焦忧，于是亲赴码头雇船出海，拟面见舰长进行劝导。无奈连日风急浪大，小船难以靠拢舰舷，徐只好怅然而归。待风平浪静，"海琛"号早已驶去，民军只好固守待援……

孙中山十分重视以烟台为中心的武装起义。此举既可迫使袁世凯不敢倾全力镇压南方革命力量，又可使苟延残喘的清廷面临渤海门户已失、大势已去的绝境，对促成清帝退位、南北议和有重要战略意义。因此，孙中山于1月上、下旬两次发兵，六路北伐，并应旅沪山东同乡会之请，委胡瑛为山东都督，克日随北伐队由海路直抵烟台。1月26日，刘基炎率北伐队由烟台赶到黄县，经过几场鏖战，清兵被击溃，逃往新城。

北马一战，清兵锐气大减。民军本应一鼓作气乘胜西进，直取莱州，挥戈济南。但因经费欠绌，主客龃龉，沪军借故退出黄县，开回烟台，以至清兵乘机反扑。徐镜心、连承基只好再次退守县城。

2月7日，3000名清兵合围黄县县城。徐镜心一边向登州、烟台及南京、上海发电告急，一边与连承基部署民军死守。此刻，守城民军兵少械劣，饮食不济，已显疲惫不支，龙马镇民政长王梅臣不顾年迈体弱，让人用长绳系一条筐将自己放到城外，乘夜奔赴烟台求援。由于连日苦战不得休息，再加饥寒交迫，王几次昏厥，半昏迷中仍坚持在雪地上匍匐爬行。王梅臣赶到烟台，已是心力交瘁，仍声泪俱下地恳请胡瑛急速发兵。

胡瑛按兵不动的原因，一是因为当时处于南北议和期间，担心贸然发兵有碍和谈，故瞻前顾后，狐疑不决。再者他抵烟台后，听人说登州军政府邱丕振曾反对他督鲁，恼怒之下竟将登州派来的三个购械人投进大牢。邱丕振去电质问，胡瑛提出交涉条件：撤销登州军政府，送好枪500支给烟台……邱丕振不服。结果烟台、登州电报往复相持不下，登州援兵未发，烟台也坐视不动，只急得王梅臣口吐鲜血，几次哭昏公堂，不久赍恨去世。

延至1912年2月10日晚，黄县城西圩子门上民军1门土炮炸裂，炸毁了城楼，炸死四名民军，士气愈加不振。11日凌晨——也就是清廷寿终正寝、宣统退位的前一天，清兵乘天气奇冷，由圩墙西北角偷架云梯登上城头，县城遂告失陷。混战中，徐镜心等冲出东门，撤往登州。

清兵攻进县城后，狂吹号角，制造恐怖，趁火打劫。一时间，城内烟火冲天，哭声震耳，一片混乱。混成协协统王振率兵如狼似虎地扑进县公署，搜掠过后又纵火焚烧，大火烧了一天一夜，全署尽成废墟。日本友人乔木，在巷战中壮烈牺牲；决心竭尽守土之责、与县城共存亡的副民政长王叔鹤在清兵面前昂首挺胸，宁死不屈，被清兵捆在树上剖心剜胆，残酷杀害；县内凡参加革命活动的人家均遭重点搜掠，遇难志士数十人。2 月 14 日，刘基炎率援军随徐镜心赶到，清兵已连夜遁逃。16 日，南京临时中央政府传来宣统退位、南北停战的通告，刘基炎驻守黄县，徐镜心、连承基等返回烟台待命。不久，袁世凯下令解散烟台军政府，发表胡瑛为西北经略使，改任周子廙为山东都督。徐镜心随省议会迁济南，任副议长。

六

袁世凯拥兵自重，又受到国内外反动势力的支持，革命党人被迫妥协。1912 年 2 月 13 日，孙中山"功成身退"，辞去大总统职务。8 月，同盟会改组为国民党，徐镜心当选为山东理事长。受孙中山影响，徐镜心与邱丕振在济南发起组织大同会，致力解决民生问题，兴办实业。周子廙为笼络徐镜心，报请袁世凯发表他为济南道，徐坚辞不就，改委日本留学监督，仍谢绝。

9 月，孙中山应邀赴京与袁世凯商讨国是南归，路经济南时，全市各界人士齐集车站欢迎。秘书崔唯吾等力劝徐镜心出迎，徐却静坐不动，说："我们革命党人不搞那迎驾接诏的俗套！"孙中山知后亲切地说："子鉴还是那个样子……"

当时，青岛教育界和商民切盼孙中山去青岛，但占据青岛的德国人不同意。孙中山对此十分气愤："我本来不准备去。这样，非去不可！"于是在徐镜心、刘冠三等的陪同下乘上胶济路火车。车到终点，有两个德国人上车求见，出于礼仪刘冠三起身迎接，被孙中山扯了一下衣襟制止了；德国人告退时，刘冠三要起身送行，又被徐镜心使眼色拦住。德国人下车后，孙中山对随行人员说："帝国主义者多缺乏理性。你对他越恭敬，他越看不起你……"

年底，山东徐镜心、丁佛言等当选为国会议员；丁惟汾、刘冠三等当选为参议院议员。翌年春徐镜心赴京就职，偕刘冠三走访袁世凯。袁世凯一副礼贤下士、倒履而迎的样子："民国由先生缔造，由先生振兴。前程似锦，端在人为……"徐镜心直言谏诤道："总统，应是公仆，国民才是主人……水可载舟，亦可覆舟。"心怀叵测的袁世凯听后逼视着徐镜心，沉默良久，阴鸷地顾我而言他："昔闻子鉴，今见子鉴矣！"而后又授意亲信以甘肃都督一职为饵，诱徐镜心就范。徐镜心不为所动。

3月20日宋教仁被害，徐镜心在《泰东日报》上发表文章痛斥袁世凯倒行逆施，力逼查办凶手以谢国人。袁世凯威逼选举总统得逞，梦想复辟称帝，舆论造得充塞朝野。国民党人对袁世凯的横行义愤填膺，群起抵制。7月，爆发了"二次革命"。8月，邹耀庭、连承基等在津军中策反事泄被捕。不久，一行七人遇难。

面对血腥镇压，徐镜心毫不畏怯。在《顺天时报》撰文，指责袁世凯复辟独裁。亲友们看到袁世凯颁布的《乱党自首条例》《惩办国贼条例》，深知袁意在翦除异己，都为徐镜心的处境担心，劝他出京暂避。他不以为意，表示要在北京继续进行倒袁计划，并作好了牺牲的准备。

1914年1月10日袁世凯正式下令解散国会。3月4日，又悍然指示军法处长陆建章密造伪证，将徐镜心逮捕下狱，严刑拷打10余次，终不可夺其志。4月13日凌晨，徐镜心英勇就义，时年41岁。时隔不久，邱丕振等亦先后遇难。至此，参加登、黄战事的十几位革命志士相继被害！

1935年6月10日，国民党五届二次会议通过了中央14次常会作出的《关于旌褒山东辛亥革命烈士的决议》，追授徐镜心为陆军上将，进行国葬。1936年5月，徐镜心、邱丕振、邹耀庭等十几名烈士遗骸由原籍迁葬济南千佛山"辛亥革命山东烈士墓"，国民党中央政府和山东当局在烈士陵园举行了隆重的迁葬仪式。

同盟会女杰杜黄

廖友陶口述　黄越整理

"人生百年，终归一死，我既不得死于秦皇岛诸战役，现在还偷生苟活，扪心自问，实在不是本意……"这段话是同盟会女杰杜黄生前多次对其家人谈起的。她的遗憾，使了解她一生经历和晚年凄凉谢世情况的人都会感慨万千。杜黄，姓黄，原名铭训，字君仪，生于1880年9月，湖北省汉口人。其夫杜柴扉是才华出众的名进士、同盟会会员。杜黄为了共和、为了民主，奔走于京、津等地，是京津同盟会军事部唯一的女部员。她与生前好友秋瑾女侠一道出生入死，风云一时。值此纪念辛亥革命80周年之际，特撰此文，以寄缅怀之忱。

立志报国为民

杜黄自幼性情豪爽，聪慧好学。父亲黄光奎，曾任清同知，是汉口有名的大商董。他对长女铭训视若掌上明珠。在他精心培养教育下，杜黄虽生在封建社会，但并不封建，琴、棋、书、画，无不精通。她的容貌艳丽动人，是一个典型的东方美人，同志、朋辈们都称赞她"秀美绝伦，艳夺众女"，认为这是她的一大优点，凭此可以麻痹、蒙混敌人去进行艰难危险的工作。

杜黄年轻时，许多官宦豪绅子弟纷纷登门求婚，但均被一一拒绝。其父决心要女儿嫁一才华出众、配得上她的文雅之士。杜黄也决意要找一个志同道合者结为终身伴侣。光绪二十四年（1898），她已19岁，终于遇到了一个叫杜柴扉的青年。杜是四川长宁人，晚清进士，时为户部主事，才华出众，性情豪爽。相谈中，杜的忧国忧民和决心改变现状的言论，很得铭训的赞赏。二人情投意合，终于结为秦晋。婚后，她将自己的名字改为杜黄，后来人们都以杜黄称之，本名却渐渐为人忘却了。

庚子年（1900）间，杜黄随夫到了北京。当时正是八国联军侵略北京之后，到处是劫后余灰。看着这一切，杜黄不禁泪流满面，暗暗下定决心，一定要为民族贡献一切。

不久，她结识了同住在丞相胡同的秋瑾，二人性情相投，结为姐妹。这是共同理想的结合，两位革命女性，冲破了封建社会的束缚，常在一起饮酒，纵论天下大事。每当她们在一起谈起世事巨变，列强蹂躏神州大地，而清朝政府腐朽无能时，总是慷慨激昂，激动得泪流满面。

妇女，特别是中国旧社会的妇女，被"三从四德"的封建伦理束缚得喘不过气来，秋瑾、杜黄决心担当起改变这种状况的责任。有一次她们在一起谈起妇女界的问题，杜黄说："妇女界黑暗，无知无识过了两千年，启发大家的觉悟，你我姐妹有责任。"秋瑾认为关键在于提高妇女文化水平和增强自立的精神，她说："女子当有学问，求自立，不当事事仰给男子……异日女学大兴，必能达吾目的。"两人越谈越兴奋，感到事不宜迟，说干就干。很快她们就在丞相胡同邀约了一些女界人士举行"妇女茶话会"。不久，作为实验，她们创办了"杜氏女子家塾"，杜黄亲任塾长，秋瑾讲授国文、历史、地理。

第二年，她们又创办了"四川女子学堂"，杜黄任校长，秋瑾任国文、历史、地理教员，还聘请日本妇女服部繁子、尾崎会子等人教授算术、图画、音乐等。学堂坐落在四川营，这是明末秦良玉进北京时的驻军地。她们在这里创办学校是有用意的，这就是希望女学生们能效仿秦良玉，成为女中丈夫……

接着她们又和杜柴扉、江亢虎创办了"女子师范传习所"，北京许多女子开始上学了，社会风气也逐渐开化，从此，其他女子学校也纷纷兴办起来。

"革命女孟尝"

秋瑾是一个不甘于现状的女革命家，为了学到更多的知识报效祖国，1904 年夏，决定东渡日本。杜黄非常希望和她一起同行，但因诸多的家事使她只好和秋瑾依依惜别。临别时，她紧紧握住秋瑾的手："姐姐到了日本，多多珍重，妹妹不能和你同行，希望你到日本好好学习，回来好救祖国。妹妹惭愧啊！"说着，她的眼圈红了，泪珠从眼中落了下来。

1905 年，中国民主革命的先驱者们组建了同盟会。秋瑾立刻介绍杜黄参加，杜黄兴奋地接受了。当时杜黄是北京唯一的女同盟会员，从此她成为了一个真正的革命女杰。

1905 年冬，由于饥荒，江北人民已经吃完了树皮草根，饿殍遍野。看着这一切，杜黄坐卧不安，夜不能眠，她愤愤地说："仁慈是妇女的天性，我厌恶那些不关心人民疾苦的厚爵高官！"除夕前几天，她凭借自己的艺术天才，用了几天时间，精心绘制了一张《江北流民图》，复印了几万张，亲自和家人到街上去卖画。边卖画，边宣传，画卖出去的越来越多，经她宣传，捐款的也与日俱增，几天时间，就得到了几千两白银。杜黄很快把全部银两送到江北赈济灾民。杜黄此举很快传遍国内外，欧美一些报纸刊登了她义卖画的照片，称是"北京妇女的创举"。

杜黄的做法，激励了同胞们的同情心，天津、山东、河南、东三省等地，也都奋起响应，募集到 10 多万两白银，也一并送到江北灾区，挽救了一大批灾民。

这是杜黄参加同盟会后的第一次革命行动。

杜黄入同盟会后，来访者不断，一些名士和同盟会员与她常在一起议论天下大事。杜柴扉支持她的活动，大半的薪俸成了招待费。有人觉得一个女流之辈整天出头露面，不成体统，杜黄听到后，微微一笑，说："男女一样，品格是自己创立的，端正的女人就是天天会男客，有何关系？自己不端正，就是深幽内宅，也是会失检的。"

杜黄豪爽好义，受到革命者的称赞，人们都夸她是"革命的女孟尝"。

清朝政府的腐败，激起全国人民的反抗，各地不断发生饥民暴动，抗捐抗税的斗争此起彼伏，从帝国主义手中收回矿权、路权的斗争也日益高涨。民主革命的时机已经成熟。

杜柴扉曾积极参与四川的保路运动，但是他看到要想依靠腐败的清政府，是绝对没有希望的。于是夫妇俩决定建立一个哥老会形式的秘密团体，展开革命运动。1910 年，他们召集各地会党组织的首领在北京陶然亭聚会，成立了"乾元公"组织，以"乾乃天德，元为善良"作为信条，当时参加集会的有湘、鄂、川、鲁、豫、晋、滇、黔和东三省等会党的首领。大家一致选举杜柴扉为"乾元公"驻京首领，杜黄为帮办，实际上是副头领。

因为杜黄在这些会党头领中有一定影响，所以在会上就有人高兴地说："有'女孟尝'做副头领，还有什么说的，一定百事顺遂，兴旺发达！"杜黄站起来豪迈地说："牡丹虽好，要靠绿叶扶持，以后一切，还望列位抬举，有不到之处，望多多指点！"

"乾元公"成立后，很快在全国产生了很大的影响，因有许多同盟会员的加入，使这个秘密团体带有了浓厚的革命性质。

就在这年冬，同盟会员田桐、张俞人、曾季友到北京，向杜黄传达了孙中山、黄兴、宋教仁等人在海外进行革命斗争的方略、计划，并决定在北京办一报纸。杜黄竭力支持，不久在北京办起了《国光新闻》，进行革命宣传。

1911 年春黄花岗起义失败后，许多革命党人在报社藏身。熊克武从日本回来，化名"陈一峰"，隐蔽在报社。另外陈六谦、张侠、何慎其、陈璧君等亦秘密来北京，同杜黄来往最为密切。此时恰遇报社经费极其困难，大家商量关闭报馆。但杜黄说："广东虽然失机，但清政府也吓破了胆。应该抓紧时机挺进，现在急需进行宣传，报纸怎能停？"接着，她拿出自己的积蓄放在大家面前，报社很快又兴旺起来。

同盟会军事部的女部员

杜宅人员进进出出，引起清政府巡警队的注意，密探开始对杜宅进行监视，巡逻队也格外关注这个宅院。但是杜黄却非常平静，打扮得漂亮华贵，送往迎来，谈笑如常，暗探们也看不出什么破绽。

1911 年 10 月 10 日，武昌起义爆发，敲响了清王朝的丧钟。北京的革命党人也行动起来了。不久，杜柴扉决定到上海，然后回四川老家组织哥老会群众支援革命。杜黄自己单独留京，为解决革命党人的活动经费，她拿出自己的首饰珍宝换回 1000 多两银子，还另派人到天津建立同盟会机关。当时清政府刚刚放宽党禁，从监狱释放了汪兆铭、黄复生、罗纬生等人。杜黄将他们迎回家中，后又同他们一起到天津召开秘密会议。会议作出了分头进行工作，准备在北京、天津起义的决定。"京津同盟会"的领导机构也正式建立，大会推选汪兆铭任会长，李煜瀛任副会长。军事部由蓝天蔚任部长，副部长为彭家珍，杜黄任军事部部员，负责运输枪弹武器。

当时革命形势日益好转，北京、天津不少学校的学生加入同盟会，革命党人天天增多。不久，杜黄因家中被巡警队搜查，遂将家迁至法租界织布局。她集中了几十位女同盟会会员，组成暗杀部，计划专门暗杀政府专权要人。但清政府戒备森严，进出政府机关更是严加搜查。为运输武器，杜黄经常不顾性命，以贵妇人的打扮，带着妹妹君硕来往于天津、北京之间，不断将武器运到北京，分藏在霞公府、四川营等地……

武器大多要从南方运来，只能从海上经过秦皇岛进口，京津同盟会决定在秦皇岛建立联络点负责接应。

在寒冬时节，冰雪封道，运送武器更为不利。岛上有几十名清兵守卫，严密监视着一切，行动稍有不慎就会被发觉。杜黄经过一番打扮，带着化装成的"女仆"，来岛"定居"，身份是难民。

一天，她身上裹着炸药，带着一口装满枪支弹药的箱子，刚要上车，突然发现一个密探在后面跟随。她用余光扫了一下左右，镇定地让其他同志离开，只有"女仆"和车夫跟随。密探快步跟了上来，杜黄不仅没慌张，还平静地主动迎上去向密探打听"事"。她笑容满面地和密探打招呼，还聊起了家常。看着这端庄美丽的少妇华贵的打扮，文静柔弱的言谈，密探终于释疑。她平安地将武器运回天津……

随着武昌起义，各省纷纷宣布独立。1911 年 12 月 2 日，独立的各省代表通过了《中华民国临时政府组织大纲》，确定在南京建立共和制的临时政府。12 月 29 日，选举孙中山为中华民国临时大总统。1912 年元旦，孙中山先生在南京宣告中华民国成立。

南京临时政府成立后，杜柴扉进入内务部担任礼教局局长。杜黄仍在北京、天津之间进行革命活动。

在武昌起义后风起云涌的斗争中，袁世凯掌握了清政府的军政大权。他南下孝感，向革命军发动进攻，11月2日攻下汉口，11月27日，攻下汉阳，然后隔江放炮，没有进攻武昌，企图使革命党人就范，以实现其夺取辛亥革命胜利果实之目的。

这时北方的革命也进入高潮，1912年滦州起义，北京、天津准备响应。这时，杜黄从秦皇岛回到天津，突然发起烧来，她病倒了。但她原计划到滦州了解情报，大家劝她先休息，不要急于上路。她虽然很虚弱，但坚决地说："这是什么时间，一刻也不能拖，我们不能顾惜自己的生命误了革命时机啊！"

她带病和孙鼎臣起程赴滦州。车到唐山，革命军正和清军大战。孙鼎臣准备下车参战，劝杜黄留在车上休息。她大声说："英豪正流血，我纵不能拼刺，也要看靰房如何就死！"正说着话，一颗炮弹弹片飞进车厢，孙跳下车去，杜黄还来不及跳，车已开动，驶回天津。她愤怒至极，病情由此加重，脸面开始浮肿……

不久，滦州起义失败。病中的杜黄想起秦皇岛的工作无人主持，毅然决定亲自前往。看着自己的病体，想着斗争的形势，她估计很难生还。将要起程时，她照了张照片赠送同志们作为纪念，就匆匆起程了。

车过滦州，杜黄得知孙鼎臣等已壮烈牺牲，不禁痛哭一场。此后病情更为加重了。到了秦皇岛，那里的机关已遭破坏，正在大逮捕，房东劝她赶快离开回津。但她关心在岛上被捕的同志及尚不知秦皇岛发生变故的同志的安危，不肯离开。后在大家反复劝告下，她才离开了已被破坏的机关。杜黄走后10分钟，清军又来搜查，她这才幸免于难。

一回到天津，杜黄很怕上海运送枪械的同志不知秦皇岛的情况，便急电阻止枪械北运。但因上海的轮船已经开出，阻挡不及了。船一抵达秦皇岛，唐绥青、萨福锵便被清军捕获，唐被投入监狱，萨则惨遭杀害。

支持暗杀活动

正当革命轰轰烈烈，此起彼伏的时候，掌握清朝军政大权的内阁总理袁世凯，一面对革命军残酷镇压，一面又放出"议和"空气，一打一拉，以达自己夺取全国政权的阴谋。

杜黄已经看透了袁世凯的本质，对他恨之入骨，她切齿地说："不杀这坏蛋，革命难成功，赶快消灭他，免除后患！"一个准备刺杀袁世凯的计划已经在天津形成。

北京的冬天，凛冽的寒风刮得天昏地暗，街上行人稀少。但有三三两两的行人不断来往于东华门外的胡同、街道上，这是杜黄她们组织的暗杀队。一天，袁世凯下朝，神气地坐在马车上，忽然，一颗炸弹飞来，轰的一声爆炸，但马车已经过去；又一颗炸弹，终于在马车后面爆炸，卫队营长等三人当场炸死，右辕马也受了伤，马车手不顾一切加鞭，马车飞驰而去，袁世凯安然无恙，但吓得脸已变色。袁下车后对人说："真刀真枪，上战场打仗，千千万万人都不可怕，这些年轻人真是可怕啊！"从此，袁世凯深居简出，而搜捕革命党人的活动更加厉害了。

这时南北处于不战不和状态。袁世凯趁机将南北不能议和的罪过推到清军干将良弼身上。良弼是清朝权贵中的顽固派，坚决主张镇压革命的骨干。杜黄对同志们说："我拼死命地运输武器，希望决战。现在既不能战，议和又定不下来，清政府正在组织力量围困我们，情况很危险。我听说满清权贵中真正精悍的是良弼，他指挥禁卫军，组织宗社党,镇压革命军最卖力。找机会用炸弹消灭他,清政府必定丧失信心,退出皇位,这胜过十万雄兵了。"京津同盟会军事部副部长彭家珍完全同意她的意见,并自动请缨去消灭良弼。

同志们流着眼泪送彭家珍去完成这一任务,因为这一去定是凶多吉少!杜黄虽然心里也很难受,但她很赞赏彭的英雄胆略,她劝大家说:"家珍同志性格沉毅,一定会成功。从公说,共和成立,民国兴旺靠他。从私说,独享大名,应该祝贺家珍同志,纵然一死,牺牲为国,可称民族英雄,永垂万代!生当为人杰,死亦为鬼雄,革命党人,为何流泪!"

1912年1月26日,随着一声爆炸,良弼归天,彭家珍也当场牺牲。

彭家珍的遗体埋葬在德胜门外乱坟堆中,杜黄偷偷地来到坟地,悲痛地站立了很久。她恐日后彭墓难以辨认,暗中为其树立了标志……

彭家珍被孙中山追认为"彭大将军"。

2月12日,清廷宣布退位。

后来,杜黄和同志们一起会商农林总长宋教仁,得到孙中山、黄兴、胡汉民等人支持,分得北京万牲园(今动物园),正式迁葬彭家珍和张先培、黄之萌、杨禹昌四烈士墓。杜黄为彭家珍送了一副挽联:"霹雳应手神珠驰,亏君戎马书生,尽抖擞神威,当十万横魔剑;子规夜啼山竹裂,怅我弓刀侍婢,认模糊战血,留千秋堕泪碑。"

壮志未酬

清廷退位后,袁世凯窃取了临时大总统之职,立即暴露出反革命面目,开始残害革命党人。1913年3月20日,辛亥革命元勋宋教仁被袁世凯派人暗杀,许多革命党人开始认清了袁的真面目。

杜柴扉此时在内务部任礼俗司司长,看到袁世凯阴谋越来越暴露,遂毅然辞去司长职务,于1914年4月回成都去了。杜黄则单独留在北京，此时她已积劳成疾，身体异常虚弱。不久，住在她家的革命党人黄以镛和袁羽仪被捕，她带病日夜奔走求救，虽然袁羽仪得救，黄以镛却未能出监牢。这一惊，使杜黄虚弱的身体更加恶化，得了惊悸症，总觉得有人要逮捕她。她说："我多次身带炸弹，来往于北京、天津、秦皇岛之间，从未怕过。只有非法被捕，死得无名，使人心有不甘，真是这样，不如当日被炸死的好！这北京住不下去了。"

不久，杜黄也回到四川，但病情却更加严重，几乎卧床不起。杜柴扉将她接到长宁，后又转送成都，治疗一段以后始得好转。许多同盟会员到四川慰问，他们又在杜黄家相聚，并共同怀念牺牲的同志们。

袁世凯称帝，护国战争开始。袁世凯的心腹陈宧拼命抵抗，但护国军势不可当，从云南很快打入四川，加之杜黄夫妇和一些革命志士联络哥老会首领，迫使陈宧改变了态度，宣布四川独立。袁世凯只做了八十三天的皇帝梦，便一命归天了。

1921 年，四川"民选"省长，刘成勋当选。刘组织了一支女兵，已成了家庭主妇的杜黄毅然接受了女兵司令官的委任。人们称她为"杜黄司令"，有人还称她为"民国穆桂英"。年已 42 岁的杜黄穿上戎装，拿着杏黄色的司令旗，还是那样飒爽英姿，她整天训练女兵，等待有朝一日为国奋战。可是，她的愿望落空了，不久刘成勋退出四川，她的女兵队也只好解散。

1926 年，已经退居家中，和丈夫杜柴扉过着安逸生活的杜黄，忽然听到了北伐军出师的消息。她欣喜若狂，以为报国的机会又来了。于是她又走出家门，组织一些妇女上街讲演，响应北伐战争，并再次组建"女兵队"，开始进行操练。人们称赞说："杜黄司令又扯起杏黄旗了。"但是，那些四川军阀们怎能支持她呢？在人们的笑谈中，这最后一次"报国无门"，使她终于失望了……

　　1929 年 7 月 20 日，她的丈夫杜柴扉去世。这对杜黄精神打击太大了。她奋斗一生，却报国无门，好友秋瑾早已为国捐躯，如今丈夫也离她而去，在寂寞凄凉中回顾往事，杜黄常遗憾地说："人生百年，终归一死，我既不得死于秦皇岛诸战役，现在还偷生苟活，扪心自问，实在不是本意！"

　　8 月初，她终于跟随丈夫去了，当时离 50 岁还整整差 40 天！

　　人们是永远不会忘记这位辛亥革命女杰的。

辛亥勇士景梅九

———

刘存善

民国年间，在山西河东（晋东）和陕西关中地区，景梅九的名字几乎是家喻户晓；人们研究辛亥革命，特别是研究山西和陕西辛亥革命，都不会忘记景梅九，因为景梅九在辛亥革命中是一位非常活跃而又作出一定贡献的人。

才子不读死书

景梅九名定成，1882 年生，山西安邑县（今属运城市）人。他喜用别号梅九，人们也称呼他为梅九，以致后来有些人只知梅九而不知定成了。

景梅九当年是山西有名的才子。幼读私塾，四书五经读得滚瓜烂熟，赋诗作文，援笔立就。11 岁"通五经"，13 岁中秀才。1899 年他17 岁时，到太原当时山西最高学府令德堂就学，在同学中是年龄最小的一位。他在私塾时只读四书五经，令德堂却要学生学算学。一天，老师出了一道椭圆题，他也不管老师问的是什么，便把《数理精蕴》里的椭圆题胡乱抄了一通，作为答案。老师写了两句评语："作文能胡说，作算不能胡说。"这批评对一般学生来说，本算不得什么，但对一贯受赞扬而从未挨过批评的景梅九来说，却似晴天霹雳，为此他负气退学，到一个人家坐馆，当了三个孩子的蒙师。

教学之余，景梅九攻读史传。他读《后汉书》的逸民列传，听人们讲述傅山反清的传闻逸事；后来或谈论《明末遗史》《扬州十日记》，或赞扬民族英雄洪秀全、李秀成，或看《东华录》里记载的雍正、乾隆时代的文字狱，虽然他那时还不懂得革命是怎么回事，但在心里暗暗埋伏下报复的种子。这是他后来愤世嫉俗走上革命道路的根源。

1900 年八国联军侵占北京，签订了丧权辱国的《辛丑条约》之后，北京开办了京师大学堂。1901 年，景梅九被保送学习。一到北京，触目惊心的事便接踵而来。在前门车站下车，他把行李放在地上，不一会儿，便有人来说这是"外国人的地方"，让他赶快搬走。他原以为庚子之变初平，两宫（慈禧、光绪）回京之后，定有卧薪尝胆的计划，大小臣工也该痛定思痛，扶助君王励精图治，雪耻复仇；却不料到京之后，看见朝野上下，仍然文恬武嬉，正是"国事兴亡都不管，满城齐说叫天儿"①。这种景况，使他颇为烦闷，曾写五言绝句记述当时的心情："入世热心冷，伤时新泪多"。

使他摆脱改良主义影响的是上海《苏报》刊载的邹容的《革命军》。他在大学堂的阅报处看见，只读了七八行，头脑已为之震动，几乎不敢往下看。幸而有位同学称赞"有道理"，他才从头到尾看了一遍。《革命军》在中国大地吹响了革命的号角，但在北京却引起轩然大波，

---

① "叫天儿"，当时京剧名角谭叫天。

"那些守旧的老儒俗吏，见了那篇文字，个个咋舌瞪眼，怒气冲天，甚至有痛哭流涕如丧考妣的"；景梅九却暗暗地"被这篇惊天动地的文字鼓动了从前那复仇的念头"。景梅九回忆当时的情况说："同时，还有那章炳麟（太炎）先生《与康有为书》也载在《苏报》，内中革命话很多，最惹人注意的只两句话，就是'载湉（光绪皇帝之名）小丑，不辨菽麦'，论者谓：意敢直呼御名，明骂皇上，理应斩决。随后听见说和邹容一起定了个监禁罪，都唉声叹气，愤愤不平，说那样大罪，仅仅监禁几年，未免失之过轻。我那时并没敢赞一词，但有几个一半赞成一半反对的人，便遭众人底冷嘲热讽；要是完全赞成，怕不当时捉将官里去，断送了头皮。"当时，康有为和梁启超已经出逃，他们办的《新民丛报》，也有些激烈的言论，景梅九倒也爱看；但是他看了上海出版的《大陆》杂志上痛斥康梁的话，又看了到日本的留学生出的几种主张革命的杂志，便"把康梁的议论看得不值半文钱了"。

1903 年，景梅九又被保送到日本留学。到了长崎，上岸游玩，他被一群孩子跟在身后直喊"豚尾奴"（长着猪尾巴的奴才），原来他们一伙人头上的辫子还在晃动；到了马关，更受刺激，因为这里是李鸿章与日本政府签订《马关条约》把台湾割让给日本的地方。同行的有人作诗叹道："可怜万古伤心地，第一难忘是此关！"受了这些刺激，也不管别人有何想法，第二天他便到理发馆里，请理发师拿起剪刀，"一下子便断了那三千烦恼丝"，接着，把剩下的顶上覆发也修光了。一霎时，对面镜子里现出一个光头和尚，他自己也不觉笑了。景梅九回到学校里，同学们看见，有冷笑的，有说好的，也有说剪了发就是革命党的。但景梅九"也顾不得许多，正是笑骂由他笑骂，爽快我自当之"。由于他的带头，没过几天，多数同学便都把辫子剪了。

不久，正在日本振武学校（进入士官学校前的预备学校）学习的灵石县老乡何澄（士官学校第四期生，后为同盟会员）来看他。何向他介绍一些主张革命的人，告诉他哪些人可以来往，哪些人不可以来往，以及将来准备成立革命团体之事。何澄的这一席话，听起来似乎没有多大意思，但景梅九觉得已经把他"完全引到革命路上去了"。

1905 年 8 月同盟会成立，景梅九时在国内。1906 年 3 月，他回到东京后，立即参加了同盟会。他在自己的住所门前，挂出明明社的牌子（后因警察干涉改为何公馆），作为与革命同志联络的场所。他与同志们交往，规定了种种密语和手势。例如，非同志来了，说"请坐吃茶"，同志来了，说"请坐吃水"，以便使在座的同志区别对待，而不至泄露秘密。由此，才子走上了革命的道路。

文人热衷于军事

同盟会的宗旨是"驱逐鞑虏，恢复中华，创立民国，平均地权"。实现这个宗旨，需要进行武装斗争。1906 年前后，在华北和西北各省，参加同盟的以山西人最多。大家讨论如何实现这个宗旨时，景梅九是参加讨论的积极分子之一。他在《罪案》一书中谈到当时情况说："我常和同志谈太平天国遗事，说当年失败的原因，固然在于意见不齐，团结不固，病根由于诸人权利心重，责任心轻，这是中山先生说过的中肯话。我以为洪、杨倡义南方，虽说据了天一半，北方到底没有一省响应，所以清政府能够缓缓地用北方财力兵力，去平灭他。我们今日第一要事，就是专从南响北应上下功夫。极而言之，北响南应亦无不可。同人颇以为然。"全心全意要革命的景梅九，虽然是个文人，这时却热衷于军事。他除了同山西学军事的同盟会员保持联系外，还介绍四川、陕西的激进分子入会，同振武学校河南籍同盟会员杨少石（后入士官学校）讨论这个问题。杨少石取出一张自绘的中国地图，对景梅九说：

"革命若从南方举起，不知几时才能到北京；我们从山西、陕西下手，一支兵出井陉截取京汉铁路中心，一支兵出函谷直据洛阳，与南师握手中原，天下不难立定。"后来阎锡山等人也参加了这个讨论，把南响北应具体化为"革命军到河南时，山西出兵石家庄，接援革命军北上"。这些意见得到孙中山先生的认可，"南响北应"成为同盟会发动起义采取的战略决策。孙中山告知阎锡山说："南部各省起义时，须在晋省遥应。"辛亥起义后，山西的同盟会员正是按照这个战略决策来进行的。这一战略的提出和形成，景梅九起了关键性的作用。

同立宪派展开斗争

1906 年，清政府宣布预备立宪，流亡在海外的康有为、梁启超等人，认为时机对他们有利，准备成立拥护立宪的团体。1907 年 7 月 10 日，梁启超的政闻社在东京锦辉召开成立大会。

事有凑巧，在政闻社成立的前一天晚上，一位同学告诉景梅九说，明天政闻社在锦辉馆召开成立大会，梁启超将发表演说，请他去听一听。景梅九答应了一声，却不大痛快。他认为东京现在是中国革命活动的中心，不应让保皇派在这里散布谬论。一回到寓所，他便与同盟会员杜羲（河北省人）商议，约定明天在会上采取行动，并分头去联络同志，杜羲约了张继（字溥泉）等人，景梅九约了南桂馨等人。第二天，景梅九、杜羲、谷思慎、平刚、陶铸、陈汉园、拓鲁生等二三十人，由宋教仁和张继率领，在未开会之前即来到锦辉馆。立宪派的人都带着红布条，同盟会员虽然没有标志，但双方阵线分明，一目了然。在主持者宣布开会的宗旨之后，梁启超大摇大摆地走上讲坛，讲起立宪、国会等保皇的言论，并说要成立什么机关之事。正在这时，张溥泉起来骂道："什么机关？马鹿（日语骂人的话）！"并从人缝中冲开一条路，直奔演坛而来，"说时迟那时快，又见一只草鞋在演坛左边飞起来，正打启超的左颊。回头一看，原是一位戴眼镜的老先生，再往上一瞧，梁启超已经没了……于是乎乱打起来，带红布条的人都赶紧扯了，纷纷地作鸟兽散"。他们一面跑，一面喊"革命党，革命党"！警察闻声赶来捉人。南桂馨解释了几句，也就算了。张继不失时机地走上讲坛，讲起革命的道理。宋教仁接着把同盟会的宗旨发挥了一遍，并说：立宪党是保皇党的变相，他们是要君主的；我们不要君主，两者如何能相容。要让梁启超讲君主立宪，我们的中华民国，就永远不能实现了。

政闻社的成立大会，就这样变成了同盟会宣传革命的讲坛。

与井勿幕商组联军

景梅九与各省的同盟会员都有密切的交往，特别是与陕西省的同志，交往更为频繁。1905 年，同盟会陕西省分会还没有成立，陕西省的激进分子入会后便参加山西省分会的活动。山西的王荫藩曾为陕西人入会的主盟人。1906 年，陕西省同盟会员在景梅九的寓所"明明社"举行了同盟会陕西省分会成立大会。

当年，景梅九回国，在北京遇见陕西同盟会员井勿幕，遂相偕到晋。他们一路谈论革命，过娘子关考虑如何守此天险；到太原研究如何争取哥老会参加革命；住客栈则在墙上书写反清词句……一日偶读《渔洋诗话》，看到"晋国强天下，秦关险域中"的诗句，便谈到在将来起义时，应该组建秦晋联军。到解州（今属运城市）登中条山桃花洞顶，井勿幕指顾河山，对景梅九说，他日革命，如须秦军帮助，我必率偏师下河东。

1911 年武昌起义，太原随之响应。河东（今运城、临汾地区）同志赴陕求援，井勿幕如约与陈树藩率秦陇复汉军于 1912 年 1 月 1 日光复运城。这次出兵，景梅九当时虽然未曾参与，但这种相互支援的关系是他早已建立起来的。

长安街头编歌谣

1909 年春，景梅九来到长安（今西安市），到各处联络同志，鼓动革命，并且参加了长安同盟会组织的成立大会。不久，在山西大学堂工作的河北省同盟会员杜羲也来到长安，与景梅九商讨进行革命的计划。一天，他们在同志家里畅谈晚归，路过南城门，觉得腹中有些空虚，便向路旁的卖浆者买了两碗浆，喝了起来。杜羲仰望天空，看见两星辉耀，便顺口编了两句民谣："彗星①东西现，宣统二年半！"景梅九一听，觉得它通俗生动，极易传播，遂有意附和起来，说："这个童谣相传很久，不知是什么意思?"那卖浆者本来并未注意，经他这一问，便爽快地说："什么意思? 就是说大清家快亡了！明朝不过二百几十年，清朝也差不多二百多年了，还不亡吗?"最妙的是旁边有位警察，也说了两句赞叹的话。杜羲编歌谣是偶有所得，卖浆者和警察听了并未引起反响，但经他一挑动，两句歌谣便深入他们的脑海，而且借卖浆者之口，把歌谣的内容剖析得一清二楚。于是，他们二人就成了这首民谣的义务宣传员。

过了两天，这歌谣便传遍了长安。同盟会员邹子良和李仲山特来向景梅九反映说："外边流传一种民谣，很厉害！什么'彗星东西现，宣统二年半'，人心大动摇起来！而且社会上还流传着'明年猪吃羊，后年种地不纳粮'的歌谣。至于这是谁编出来的，那就不知道了。"由于

---

① 彗星在民间称为扫帚星，它的出现预示将有灾异。杜用彗星是要引起人们注意，以增强民谣的感染力。

歌谣流传极广，感染力极强，有人不久又按它的意思编出"不用掐，不用算，宣统不过二年半"的歌谣。

歌谣产生如此巨大的力量，引起如此强烈的反响，这是景梅九和杜羲始料不及的。景梅九想起杜羲初来长安时，在一个十五月圆之夜，赠友人的一首诗：

搔首问青天，春归到哪边？

月圆三五夜，树老一千年。

灞上无穷景，囊中有数钱。

同为沦落者，相见倍凄然！

这首诗有对现状的不满，有对前途的憧憬，但充满了哀伤情调，缺乏进取精神。景梅九有感于歌谣流传之广，乃就歌谣内容，步原韵和成一首，回敬杜羲：

举首望青天，光芒射半边。

彗星十万丈，宣统两三年。

百姓方呼痛，官家正敛钱。

也知胡运毕，何处不骚然！

这首诗指出清政府的腐败和没落，以及人民群众要求革命的热情和前景。井勿幕见了笑着说："你们真成了乱党了。"

这些歌谣和诗句，很快传遍了关中和河东大地，成了动员和鼓舞群众进行革命斗争的号角。

发动拔"丁"运动

景梅九是通过阅读革命报刊走上革命道路的，所以他非常重视宣传工作。他在日本未加入同盟会之前，便办了《第一晋话报》，之后又办了《晋乘》，为进行革命宣传，不遗余力。

毕业回国之后，1911年农历正月，他又凑了300元创办《国风日报》。该报刚出版，就发表了题为《东西两抚之罪状》的文章，把矛头指向山东巡抚孙宝琦和山西巡抚丁宝铨。

为什么要把矛头指向丁宝铨？因为丁宝铨于1910年3月在交城、文水两县种烟地区制造了一起死40余人、伤60余人的大惨案——"交文惨案"。原来在这两县交界处的开栅镇附近各村，向有种烟（罂粟）习惯，农民以此为生，收获颇丰。光绪三十四年（1908）颁令分6年禁绝，山西巡抚丁宝铨谎报业已禁绝。1910年春，丁闻朝廷将派员检查，遂令督练公所教练处帮办夏学津率兵勒令农民铲除烟苗，农民环跪哀求，夏令开枪射击，遂酿成惨案。事发后，太原《晋阳日报》据实报道。丁恼羞成怒，逮捕报社访员、同盟会员张树帜、蒋虎臣，将咨议局议员、同盟会员张士秀以"挟妓逞凶"之罪名判刑交原籍关押，迫使同盟会员、报社总理刘绵训和总编纂王用宾等出走，《晋阳日报》停刊。上海《申报》和汉口《中西日报》将此事予以报道，御史胡思敬亦具折参奏，引起朝廷的重视。

《国风日报》创刊时，此事还在拖延中。景梅九遂确定前半年以拔"丁"为中心，不断地在报上揭发丁的秽史，直骂得丁宝铨神昏志堕，无地自容。但丁不知悔改，却运动政府封闭《国风日报》。又因《国风日报》攻击曹汝霖，曹也运动政府封报馆。景写了两句讽言："丁宝铨运动封本报，呸！好脸子，哪儿配！李完用也想运动封本报，呸！啥东西，弗害臊！"他把这两句话登在报上，一时颇为传诵。

后来，朝廷责令直隶总督陈夔龙查处丁案，那当国的庆亲王听见报上登载丁的劣迹太多，便提出更易晋抚，因没人反对，于是便将丁宝铨开缺。历时一年多的拔"丁"运动终于取得了胜利。

《国风日报》的宗旨是鼓舞国民监督政府，所以除了发表《东西两抚之罪状》这样的论文外，还有"四面八方"和"讽言"两个专栏，专门评弹时政，揭露社会黑暗，对于推动革命起了一定的作用。时人评之为"可抵十万大兵"。

替阎锡山策划军事

辛亥（1911）武昌起义后，山西新军在同盟会的领导下，未等革命军进抵河南，即于 10 月 29 日起而响应，一举推翻清政府在山西的统治。同年 11 月 4 日，又在娘子关与清第六镇统制、新简山西巡抚吴禄贞（同盟会员）组成燕晋联军。山西民军派兵一营进驻石家庄，与第六镇官兵共同截断京汉铁路，阻止袁世凯北上就任内阁总理，扣留清政府运往武汉镇压起义军的械弹等军用物资，支援了武汉民军，在辛亥革命史上写下光辉的一页。孙中山于 1912 年评价这次行动时说："去岁武昌起义，不半载竟告成功，此实山西之力……何也？广东为革命之原初省份，然屡次失败，满清政府防卫甚严，不能稍有施展，其他可想而知。使非山西起义，天下事未可知也。"但是，三天之后，即 11 月 7 日，吴禄贞即被袁世凯派人暗杀。燕晋联军未能实现进军北京的计划。

这时，原在北京的景梅九应山西都督阎锡山之邀回晋参加革命。他绕道到达娘子关，闻吴禄贞被刺，即偕仇亮到石家庄料理善后，并动员第六镇第十二协统领吴鸿昌继续完成燕晋联军的宏图。吴鸿昌当面应允，背后却带兵逃跑，景梅九等只得把截获的军用物资运回娘子关。之后，清政府又派曹锟第三镇镇压山西革命。

景梅九查看了娘子关阵地，但见重峦环抱，障蔽天成，此地若有强大炮兵，虽有百万雄师，亦难轻易越过。但山西独缺炮兵，强敌压境势难抵挡，于是他设想了一个分兵南北的计划。他向阎锡山建议："娘子关终不可守，一旦失败，非南退必北进，今不速图，将来恐北不能过雁门，南不能逾霍山，我辈必进退失据，奈何!"阎锡山完全同意他的意见，及遣南路军司令刘汉卿南下河东，北路军司令张瑜北取大同，预为将来分兵南北建立根据地。景梅九则被任为军政府政事部长。

12月初，清第三镇进犯娘子关。消息传来，景梅九没有示弱，也没有拘泥于一城一地的得失，他对阎锡山说："袁奴远交近攻，欺人太甚，唯有一战不可退让；胜则长驱北上，败则分兵南北，另作计划。"阎锡山根据他的建议，赶赴娘子关指挥作战。鏖战结果，民军败北，按预定计划，阎锡山率部分民军北上，在山西的归绥道，首先攻克包头，接着占领萨拉齐。正拟向归绥进军之时，传来南北议和即将结束的消息，遂返旆晋阳；副都督温寿泉率部分民军南下，在山西的河东道，配合陕西民军光复运城等县，并围攻平阳。南北议和消息传来后，才停止战斗。

山西起义及这次分兵南北继续战斗，在军事上给予清政府的打击是很沉重的。新军第四十三协起义；驻归绥道的后路巡防八个旗有的起义有的瓦解；驻大同的大同镇九个旗和驻平阳的太原镇七个旗，被打垮或被牵制在驻地；为镇压山西各地的起义，清政府向大同派出毅军陈希义部、郭殿邦部以及淮军杨荣泰部，向太原派出第六镇、第三镇和武卫右军一个营；河东起义军还牵制了驻河南的毅军赵倜部。山西起义使清政府的数万兵马受到牵制，不能用于扑灭南方革命，其意义之重大，是不言而喻的。

山西起义，从制定"南响北应"的战略决策，到强敌压境提出分兵南北的计划，景梅九都是主要的设计者。

与反动派分道扬镳

民国之年，阎锡山回到太原，重新安排政府人选，只给了景梅九一个稽勋局长的闲差。他因受无政府主义的影响，淡于名利，也不作计较。旋即当选为国会众议员，赴京参政并重办《国风日报》。袁世凯称帝时，他出一张无字白报，以示抗议，结果《国风日报》被查封，他赴陕西三原县避难并联络同志反袁，后被捕送北京入狱，袁世凯死后始获释。出狱后他又办《国风日报》，因反对张勋复辟，报纸复被查封。1917 年南下广州，参加孙中山先生领导的"护法"运动。张勋复辟失败后，景又回京恢复《国风日报》。1926 年，广州国民政府誓师北伐，景梅九赴陕，联络同志，策动响应。1927 年"四一二"政变后，景梅九避居庐山。中原大战期间，则回家乡安邑县编修县志，始终不与反动派同流合污。西安事变后，景梅九在西安组织国民党临时党部，宣传孙中山先生的联俄、联共、扶助农工的三大政策，复办《国风日报》。蒋氏食言，张学良被囚禁后，《国风日报》遭忌，又被查封。抗日战争爆发后，《国风日报》重新复刊，景梅九吸收了一批共产党员和进步人士参与编辑工作，宣传民主，颂扬抗战，曾经起到很好的作用。但国民党西安新闻检查所不断罚它停刊，后来又勒令免去共产党员和进步人士的编辑职务，由国民党反动分子插手办报，《国风日报》从此失去它原有的风格。

景梅九在辛亥时期，为阎锡山出谋划策，不遗余力，从阎拥袁称帝开始，二人即分道扬镳。1947 年，景梅九因反阎赴南京请愿，始知蒋阎乃一脉相承，1948 年他毅然加入中国国民党革命委员会，并任第一届中央监察委员。他本拟赴广东参加民革的活动，但因妻子病危，遂返回陕西。后被特务监视，行动受到限制。

中华人民共和国成立后，李济深曾邀景到京工作，景梅九因病未能成行。1951 年，景自动申请到天水参观土改。在土改中他受到深刻的教育，焕发了青春，下面这首诗记述了他与平民结交朋友的喜悦心情：

> 黾勉从公一老人，恃强犹觉是青春。
>
> 生今反古愁回顾，舍旧谋新敢效颦。
>
> 盛世岂容豺虎乱，群情应向刍荛询。
>
> 同心如许平民侣，德不能孤必有邻。

后来，他被邀请为陕西省政协委员，参与政事的协商讨论。1961 年因病去世，终年 79 岁。

"天神"高志航

————

黄　越

……

八一四，西湖滨

志航队，飞将军

怒目裂，血沸腾

振臂高呼鼓翼升

群英奋起如流星

掀天揭地鬼神惊

我何壮兮一挡十

彼何怯兮六比〇

一战传捷举世蜚声

……

发扬民族的力量

珍重历史的光荣

……

这是一首抗日战争时期国民党空军歌曲的节录，它慷慨悲壮，气吞山河，浸透了中华民族的爱国精髓。

歌中的"八一四"是什么日子？

词中讴歌的"志航"是谁？

每当吟咏这支歌曲，回忆的风帆把人们又带到中华民族铁与血的年代，带到那乌云翻滚、枪声嗒嗒的杭州上空……

"八一四"奏凯

"警报！有警报！敌机20分钟就到！"

在阴霾浓重、靡雨飘洒的杭州笕桥机场停机坪上，总站长尹铲非不住地摇着旗，连声地大喊着"警报"。笕桥机场是国民党中央航校所在地，机场条件十分简陋，跑道又狭又短，没有指挥塔，也没有无线电通话，起飞和降落只能凭白红两色的"T"字布指示。驻河南周家口的国民党空军第四航空驱逐大队接到指挥部紧急命令，到杭州笕桥机场集合待命，准备参加对日空战。

机群刚飞抵笕桥上空，一架一架的下来，尹铲非就用这撕裂人心的声音把他们一架一架打发上天。从周家口飞到笕桥，飞机里的油量已所存无几，于是飞上去的，又不得不下来加油。机场人手又少，在紧急警报声中加油，飞来的飞去的，一片紧张……

第四大队长高志航也正在这时乘空运从南昌赶到了，他一听有警报，抓了一架队员的飞机就钻向了天空。

热血在每个勇士的身上沸腾，民族的仇恨，父老的期望，多少年的积愤，使他们只有一个念头："为死难的人们报仇，为危亡的民族雪恨！""今天要和你鬼子拼了！"

天气越来越坏，雨越下越大，高志航率领的机队都是霍克三式战斗机，风挡只有一半，挡不住雨，雨水直往机舱里灌。但兴奋的情绪使他们不顾一切，纷纷在云层里寻找敌机厮杀。来犯的敌人是日本号称精锐无敌的木更津航空队。大雨使敌机也乱了阵脚，他们很快就失去了队形。一架敌机好容易对准笕桥机场，准备投弹，即被高志航等发现，愤怒的枪弹雨点般地向敌机射去！

从未遭到过抵抗的空中侵略者慌神了，匆匆投下炸弹，掉头就想溜。高志航和勇士们哪里肯放过？他们不顾敌人密集的火网，拼命往前冲。敌人的机枪突然哑了，显然射手已经受伤或死去。随着高志航一阵急射，一架敌机拖出长长的黑烟，一声爆炸，可耻地向地面坠去。

高志航首开纪录打下了第一架敌机后，其余敌机立即像无头苍蝇一样在空中乱窜，寻找机会逃命。勇士们在云层里上下翻飞，见着目标就盯住不放，不一会儿，李桂丹、郑可愚、柳振生、王文骅等也纷纷传来捷报。

短短的 30 分钟空战结束了，在志航大队无一损失的情况下，敌机除一架逃窜，飞回去向主子报丧以外，其余六架全被志航队的勇士们击毁坠地。

一架架凯旋的战鹰呼啸着降落在停机坪上，高志航的座机刚落地，发动机便停了车，原来他的座机已中弹五六处，可真危险！

勇士们在高志航的率领下，排队走向立待良久的欢迎人群时，人们高呼着高志航的名字涌了上来，高志航兴奋地喊道："不是我，是大家一同击落的。"喜悦、欢乐，高志航被人们高高举了起来，抬着前进。

这便是第二次国共合作时期，1937 年 8 月 14 日下午在杭州笕桥上空发生的一场使日军闻风丧胆的空战。

志航大队一举击落敌机六架，这在一场旷日持久的侵略与反侵略的战争中，也许算不得什么惊人的数字，然而，在中国人民抗击日本侵略者的战争史上，这是第一次空战，而且首战告捷，一举打破了日本空军不可战胜的神话，打击了日本侵略者的嚣张气焰，鼓舞了全国人民的抗战热情，长了我们中华民族的志气。从这个意义上看，这是一场多么不寻常的战斗啊！

由此，8 月 14 日，就被确定为国民党军队空军节。

也正如此，几十年来高志航的名字一直被人们传颂着。

热血男儿

高志航，艺高、胆大，勇猛过人。

他到欧洲深造时曾有好几个国家想用重金留下他当试飞员；法西斯头子墨索里尼看了他的特技表演后感叹地说："像这样的飞行员，全意大利也只有一两个！"

他回国后拼杀在抗日最前线，与其他战友一起，仅三个多月就击落大批敌机，声震中华，就连并不真心抗日的蒋介石，为了装潢自己抗日的门面，也不得不亲自多次慰勉、褒奖……

高志航的事迹像传奇故事一般在民间广为传诵。

……

也许就为这些，他，年轻的飞行员高志航，被誉为"天神"。

获得这些桂冠，对于高志航来说，是偶然的吗？不！让我们循着他的足迹看一看，就不难发现，成功不是一日之举。

高志航出生在东北通化的一个普通家庭里，他自幼勤奋学习，立志要为国立功。1925 年春，他被张学良将军选为飞行员，并被派往法国学习。那时他叫高志恒。临出国前，他兴奋、激动，彻夜难眠。他找到张将军，要求改名。他说："保卫祖国，空中英雄就是我的奋斗目标！"从此，"志航"，既是他的名字，也是他勉励自己心志的呼唤。

他在法国深造期间，除了睡觉、吃饭，几乎把全部时间都用在训练场上，他不仅娴熟地掌握了教程中的一般飞行科目，而且还偷偷地从教员的特技表演中苦心捉摸其飞行要领，终于又练就了一身飞行高难动作的本领。1926年他以优异成绩结业。

他回国后在沈阳继续深造。1931年9月18日晚，高志航正与战友们议论着日本帝国主义如何野心勃勃，讨论着如何保卫祖国领空的时候，日军的机关枪和大炮响了，他跳了起来，高声喊道："日军的枪声响了，我们快去司令部请示起飞杀敌！"

一群年轻的爱国军人在空军司令部被告知"不准抵抗"的命令时，他们垂头丧气地回到住地，一个个默默无语……

第二天，高志航却坐上奔向北平的列车，他想向正在北平的空军代司令张焕相请战。

得到的回答是"没有办法"。

当天他就南下了。他决心要寻找一条报国之路。

他跑到上海后积极参加游行、捐款等抗日活动，在东北流亡学生集会上，他同大家一起流着眼泪唱着《松花江上》，大家热血沸腾，慷慨悲壮，最后泣不成声，高呼口号。此时，高志航义愤填膺，激动地挥舞着拳头高声对大家说："同胞们，眼泪不能使我们中华民族生存，我们要战斗，要拿起武器，打回老家去，把日本鬼子赶出中国去！"

之后，他又跑到杭州。他忍着国民党空军上层帮派的排挤，宁肯被官降一级（少校降为上尉附员），受着到时吃饭、按月发薪，既不给工作、又不让飞行的冷遇，在国民党航空总校留了下来，为的是寻找时机，以便杀敌复仇，立功报国。

一个偶然的机会使高志航脱颖而出。航校为了应付参观，让高志航以学员的名义去表演。看了他的表演，使来观的外宾惊诧，陪同参观的官员结舌，因为这超绝的飞行技巧绝非一个普通的学员所能做出的。而航校的学员们，在平时的接触中，深深地了解并钦佩他的本领，要求高志航出任教官的呼声与日俱增。终于，高志航被提拔为第八航空队队长，并恢复少校军阶。

他高兴万分，认为报国有了希望。他制定了一套详尽的训练计划，带着同伴整天摸爬滚打在训练场地上，驰骋在蓝空云隙中。

他的以身作则和严格要求，得到部下的信赖和拥护；他的超绝的示范和严格的训练，使学员在短期内就掌握了优等的飞行本领。

1934 年春，他被晋升为第四航空大队长，领导三个驱逐机队。

当进行了这段简要的回顾之后，我们感到，高志航被人们誉为"天神"，并不是偶然的。他具备了许多常人所不具备的素质条件、能力和毅力，然而，更根本的原因还是一条：他对祖国、对民族，怀有一颗赤子之心。爱国信念给了他超人的智慧和无穷的力量！

惊天地　泣鬼神

日本侵略者的飞机多、性能好，"不可战胜"的神话曾经吓唬住多少胆小鬼。然而高志航却时时用我之优势鼓励部下的斗志，他的作战动员使许多部属至今记忆犹新：

"现在你们都是具有优秀战斗力的队员，今后一定要击落敌机，消灭敌人，否则就不是忠实的战斗员，就是怕敌人，那就不是中国人……我也这样要求自己！大家要记住为国争光，为民出力，勇敢杀敌，树立战斗英雄的榜样，使我第四驱逐大队能够留名国际。"

高志航没有背弃自己的誓言，"八一四"空战的胜利，使他英名四扬，他的机队也在国际上遐迩闻名。

他被提为中校大队长，调往南京大校场，协同句容第三大队，共同保卫南京领空。

不久，日军飞机屡次来犯，高志航得到警报，立即起飞迎战，常常在几十分钟就歼灭敌机数架。

一次，敌机夜袭南京，高志航立即让机场及南京城灯光全部熄灭，并开放事先伪装好的假机场（宛如大校场一样）灯光，敌机竟毫不怀疑地投弹和扫射。当敌机飞返经过南京附近汤山时，即遇志航大队在高空埋伏的机群的袭击，顿时使日军遭到毁灭性的打击。

又一次敌机夜袭南京，南京城及大校场机场灯光全熄，敌机抵达南京盘旋一周，地面一片漆黑，认为飞错航线，又恐油料不足，不敢逗留，遂行返航。这时由高志航率领的第四大队和孙忠华率领的轰炸第二队，突然出现在汤山上空，首先由高志航率机拦截敌机并击毁一大部分敌机，剩余敌机仓皇逃命，此时孙忠华率队跟踪尾随至上海虹桥机场（沦陷区），机场敌人误认为是他们的飞机获胜返航，遂开灯引导着陆并准备为之加油。孙忠华率队乘机及时低空投弹，顿时火光一片，爆炸声声，血肉横飞，敌机场乱作一团，伤亡损失惨重。

一个胜利接着一个胜利，一份捷报又接着一份捷报，当时各种报刊几乎天天出现高志航的名字。南京、上海男女老少都在传诵着高志航的事迹，他赢得了人们的尊敬。有一次，他在上海一家商店买东西，付了钱把东西拿回家打开一看，发现钱原封不动地包在里面，并附有一张字条，上面写着："高大队长，希望多打几架日本飞机，这点东西作为慰劳您的心意。"高志航看后非常激动地对家人说："这不是几个钱的问题，是中国人民的要求，是中华民族不可辱，中国领土不容侵略！"

高志航因迭建殊勋，遂又被提升为空军上校驱逐司令，直辖三个驱逐大队兼任第四大队长，第四大队改称志航大队，用以表彰高志航抗战功高，并激励全军官兵士气，驱敌立功。

但是，不幸的事却发生了。

　　1937 年 10 月初，高志航奉命赴苏接受苏联援助的相当一批驱逐机。在莫斯科起飞之前，原拟飞返南京继续作战，狠狠打击敌人，不料突然接到空军副司令毛邦初令他领队飞洛阳待命的急电，高志航虽怀疑同僚作梗，但大敌当前，应共赴国难，不以个人嫌隙为芥蒂，遂率队飞抵洛阳机场。抵达洛阳机场后，又接到毛邦初令他率队驻防周家口的急电。周家口素以警报不灵出名，高志航队驻此，对其战斗力的发挥定会受到影响，上司如此安排，不知何意。

　　抵达后便是连续七天的阴雨。第八天天气甫晴，早 6 时高同部属在俱乐部用早点时，突闻敌寇"八七"式轰炸机的轰轰吼声，已在头顶上空响起。高志航马上起立对部属说："大家赶快登机起飞杀敌，快！快！不得违令！""谁怕死，我毙谁！"他一面怒吼，一面奔进机舱，并令军械长冯干卿给他调整机枪。车尚未开，而敌炸弹业已投下，冲击着空气嘶嘶作响，渐渐逼近飞机。高志航即时跳出机舱，尚未落地，炸弹即已爆炸，高之头部及下肢均已炸得不知去向，只剩中段胸腹部在燃烧。军械长冯干卿也为炸弹炸死，掷于二三百公尺以外的边沟内。

　　一颗在祖国的蓝天上熠熠闪光的明星陨落了！

　　中华民族失去了一个为了她的独立、解放而英勇奋战的儿子。

　　高志航牺牲时，年仅 30 岁。

爱国精神永存

　　时间如流水，几十年过去了，但高志航的名字和他的爱国精神，却常驻人间。曾为抗战洒血鏖战的国民党人不会忘记他，坚持抗战到胜利的共产党人更不会忘记他。1946 年 3 月，已经在解放军航校担任高级职务的原国民党空军人员，专程到高志航的家乡看望了高志航的母亲，并送了"航空之母"的红绸横幅；不久，航校副政委黄乃一同志又派人专程去慰问高母，并为其家属安排了工作；同年 8 月 14 日，在延安举行了纪念"八一四"空战大捷座谈会；1980 年 8 月 14 日下午，人民解放军领导机关邀请在京空军部队、院校担任重要职务的部分原国民党空军人员又举行了"八一四"座谈会。凡是为国家、为民族解放事业做出贡献，以及牺牲了自己生命的人，人民会永远缅怀他们的。

流水般的几十年过去了。令人感到欣慰的是，在今天的形势下，高志航的名字正闪耀着新的光辉。高志航是一个国民党的军人，他的事业及其思想，我们虽然不能用无产阶级革命战士的思想、品德来衡量，然而，仅就爱国这一条，却是与全国各族人民的心相通的。这种爱国精神，正在成为我们完成祖国统一大业的一种无形的力量。

高志航当年的同仁、部属们说："八年抗战中，除少数汉奸卖国贼外，在抗日的旗帜下，全国人民团结一致，枪口对外，取得了最后的胜利。这正是我们中华民族凝聚力的表现。自然，民族内部也会产生一些纠葛，但是，'兄弟阋于墙，外御其侮'，我们应该消除隔阂，增进了解，早日完成祖国统一大业。"

高志航的女儿们呼吁道："每当看到大陆上亲人的幸福生活，我们就时常思念在台湾的二妹和三弟，我们非常盼他们能回到祖国大陆观光，和家人欢聚一堂，一起祭奠离开了我们的爸爸。二妹和三弟应该知道，爸爸是为中华民族的独立，为祖国不受侵略，献出了宝贵的生命，我们是他的后代，应该继承爸爸的爱国精神，共同为祖国的统一事业，为国家富强多做贡献，这样，敬爱的爸爸也会含笑九泉的。"

是的，高志航的亲人们，人民空军的指战员以及全国人民的共同愿望——完成祖国统一大业——在爱国主义的大前提下，一定会尽快实现的。

航空女杰

时　平

壮志未酬的欧阳英

在中国近代航空史上，广东香山县（今中山市）航空人才辈出，数量之多在全国位居前列，名扬四海的航空巾帼欧阳英便是其中之一。

欧阳英，原名欧阳金英，1895 年出生于美国加利福尼亚州科特兰市。父亲欧阳财，是华侨种植家，广东香山县大岭村人。欧阳英生性好动，喜欢骑马、驾驶汽车，胆识过人，富于正义感。在美国，她亲身体会到了种族压迫和种族歧视，目睹了诸多华侨的悲惨遭遇，她从小就养成了强烈的爱国热情，渴望祖国早日强盛起来。

1915 年，欧阳英高中毕业，不久与旅美同乡李培芬结婚，第二年生下一子。1918 年，美国流行瘟疫，丈夫不幸染病，几经治疗无效病故。欧阳英非常悲痛，把全部身心都倾注在孩子身上。

1919 年，国内爆发了轰动全国的"五四"运动，矛头对准帝国主义列强的压迫，中华民族觉醒了。海外饱经风霜的广大华侨为之振奋，纷纷行动起来，支援国内人民的正义斗争。欧阳英身临其境，被强大的民族抗争力量所感染，她毅然摆脱个人不幸遭遇带来的痛苦，投入振兴中华的大潮中。为了切实地报效祖国，这年夏天，她放下可爱的孩子，开始学习航空。她怀着一颗赤诚的游子心，准备学成回国，创办航空学校，培养航空救国的人才。

欧阳英到美国红木埠学习飞行，在教练的指导下，她把全部精力都集中在训练上。由于她胆大心细，勤学苦练，克服各种困难，进步很快，仅练习数次，就能够单独驾机飞行，被美国教练富兰克·布里安特誉为"极难得之人才"。当时轰动很大，美国的中英文报纸竞相报道，并刊出她的大幅照片。后来广东的《航空月刊》登出一组"世界知名女飞行员速写像"，其中一幅题为"中国李女士"，就是指欧阳英（丈夫姓李）。

1920 年 11 月，正当欧阳英刻苦训练，准备尽早回国时，她在一次试飞中不幸机翼折断，飞机坠落，年仅 25 岁的欧阳英遇难，满腔热血，碧洒蓝天。她的不幸，引起很多人的惋惜。许多旅美女青年，在欧阳英献身救国的激励下，纷纷学习航空，涌现出一代华侨女飞行员。她们中有的成为著名爱国女飞行家，有的还在以后的抗日战争和世界反法西斯战争中献出了自己的宝贵生命。

中国空军第一位女飞行员

与欧阳英同样齐名，又是同乡的航空女杰叫朱慕飞。朱慕飞又叫朱慕菲，1897 年出生在广东香山县东镇西栖乡。她的父亲是广东著名的航空先驱朱卓文。

1912 年，朱卓文从美国回国支援孙中山先生的革命，朱慕飞随父到上海读书。朱家与孙中山有亲戚关系，所以她也常出入孙宅，宋庆龄非常喜欢她，教她学习英语。以后随父又到了广州，时常易笄而弁，身着西装，喜欢骑马驰骋，与孙中山、宋庆龄、胡汉民等人交往频繁，在一起畅谈，关系融洽。

1920 年 11 月，朱卓文担任广东军政府航空局长，朱慕飞的表亲张惠长在航空局担任飞机队第一队队长，于是，她便开始学习航空。1922 年初，孙中山为加强空军力量，在广州大沙头建立航空学校，培养空军人才，由朱卓文兼任校长。朱慕飞便是首届学员中唯一的女性。她勤学苦练，在张惠长等教官的指导下练习飞行，不久就初步掌握了飞机驾驶技术，能够单独驾机飞行。这时，朱卓文改任香山县长，朱慕飞随后前往，任县政府监印，闲暇时，经常到乡村田野练习枪法。

1922 年 6 月，陈炯明在广州叛变革命，以武力反对孙中山的革命政府。在湖南北伐的粤军以及云南的滇军纷纷挥师平叛，朱慕飞与父亲朱卓文前往福建参加在那里的讨逆粤军。10 月，朱慕飞被编入杨仙逸重组的飞机队，成为中国空军历史上第一位女飞行员。她很快投入训练，并亲自担任前线的侦察和作战，曾驾机救出遇险的父亲。因此，朱慕飞在军中颇享名气，连当时的北洋政府航空署出版的《航空》月刊对她的活动也曾进行报道。

1923 年 1 月，讨逆军打败陈炯明的叛军，孙中山在广州重建大元帅府，朱慕飞回广州，继续在空军中效力。1924 年，她在珠江水面驾驶水上飞机飞行时，不幸失控坠入大海，机毁人伤，后被渔民发现救起，送进香港医院治疗。

第二年，朱卓文因涉嫌廖仲恺被刺案，遭到国民革命政府下令通缉，朱卓文到了香港。朱慕飞为此事心情忧郁，身体状况一直不好，后来又患了肺病，虽请名医诊治，想尽办法，但终无好转，于 1932 年 3 月在香港病故，年仅 35 岁。

航空学校中的女教官

"航空为救国之先锋"是辛亥革命时期著名的女革命家秋瑾之女王灿芝，在 1936 年 5 月上海新华书局出版的《世界空军大观》内的题词，她还是该书的主要翻译。知名人士吴铁城、林我将也分别题词："以军事航空知识灌输于全国青年""争空中之霸权，固地面之防御，端赖空军"。

王灿芝，又叫秋灿芝，字桂芬，生于 1901 年，湖南湘乡人。少年曾拜师学习武艺，后求学于长沙艺芳女校，上海大夏大学毕业。1928 年赴美国留学，开始并没有学习航空的想法。到美国以后，目睹美国人都非常热衷于航空事业，政府大力提倡，军事和商业领域日臻发展，深感应继承先母的遗志，使列强不敢藐视中国人，遂萌发了航空救国的念头。王灿芝"决心学习航空，俾他日贡献祖国，亦令西人知吾国女人犹能如此，可见男子之更英勇矣"。她不顾亲友的劝阻，经济上的困难，进入美国纽约大学航空专科学习。

在学校她系统地学习了飞机工程、航空教育、驾驶学、气象学、机械用品、无线电、学校组织等课程。每学几个星期，便由教练率领到寇狄斯等著名的飞机公司参观、练习。王灿芝勤奋努力，刻苦学习，经过几年的时间，掌握了飞行技术和航空理论知识，于 1930 年 5 月毕业回国。翌年，她先在南京国民政府航空署教育科任职，不久调任军政部所属航空学校教官，负责教授飞机作战战术。

王灿芝在中央空军中知名度很高，但始终不得志，常感到志向未竟，才华不能全部报效国家，所以她向周围人大声疾呼："慨内讧不息，外侮频侵，列强争霸业于空中，恣威权于海外，唯望国人奋勇直追，当仁不让，雪神州之耻，而慰先总理暨先烈在天之灵，则幸甚矣！"

以后，王灿芝退出中央空军，热心社会事业。1949 年，从大陆赴台湾，更姓为秋，又继续从事航空教育。几年后，她开始整理遗稿。1967年在台北病逝。

中国空军的第一位女机械官

1932 年日本发动了"一·二八"事变，中国空军同日本侵略军飞机在沪杭上空展开了激烈的空战。炮火唤起了全国人民的极大爱国热情，也深深震撼了上海劳动大学一位个头矮小、性格沉静的女学生，她暗下决心，毕业后一定要"做一些女人不大做的事情"——航空救国。

第二年，她独自乘邮轮来到巴黎学习飞行。这位女性，就是后来成为中国空军第一位女机械官的袁明君。她系湖南长沙人，1909 年出生。在巴黎，袁明君经人介绍，学习了三年航空机械知识。到抗日战争爆发后，她开始在巴黎一所航空俱乐部主办的民航学校练习飞行。她抱着航空救国的志向，勤学苦练，克服许多困难，在一年多的学习当中，每次考试成绩都相当出色，巴黎的报纸还报道了她的情况，刊登她的照片。由于教练的限制，袁明君始终不能单独驾驶飞机，于是就转往法国南部的一所飞行学校。该校教练是法国赫赫有名的特技飞行员马兰珂，技术精湛，教法优良。在马兰珂的教授下，仅用了一个星期，袁明君就成功地放了单飞。

单独飞行以后，袁明君又做了绕 8 字、关油门下滑、飞长途等训练课目，初级飞行毕业。袁明君在那里学习三个月，毕业考试是飞经三个指定机场，并需由机场场长签名证实。每到一个机场，她都给教练打一次电话。教练接完三次电话后，估计不久就会顺利飞回。可是，等了几个小时，仍不见她的踪影，人们焦急不安地等待着。教练禁不住自言自语道："袁明君完了，一定是在返航途中失事了。"因为前些时候，学校发生过机毁人亡的事故。教练话音刚落，袁明君打来了电话。原来，她返航时，燃料耗尽，只好迫降在一个小乡村里，人机完好。教练大加赞赏。毕业后，袁明君在马兰珂身边学习高级飞行，因无高级教练机，只得回到巴黎航校学习。

1939 年 7 月，袁明君回国。当时国内航校不招收女性，她先找到法国驻华顾问蒲琪将军帮忙，但不久蒲琪奉调回欧洲，此事闲置下来。无奈，袁明君又亲自登门拜访蒋介石侍从室主任贺耀组以及董显光、康泽等军政要员，陈述自己的愿望，也丝毫没有结果。最后，经中国留法同学会出面交涉和介绍，她才被安排到航空委员会航空研究所担任助理试飞员，心情很不舒畅。不久，又转到空军机械所工作，仍梦想有一天能重返蓝天，效力国家。但岁月流逝，她始终未能如愿，在机械所一干就是十年，成为中国空军的第一位女机械官。

1949 年中华人民共和国成立后，袁明君被安置到上海铁路局担任绘图工作，直到 1971 年退休。她终身未婚，1973 年在上海病逝，享年 64 岁。

长矢射天狼

——飞行员陆光球传奇

韩明阳　孟力

1949 年初冬的一天，在刚刚成立不久的人民解放军空军司令部（北京东交民巷 22 号）内，人民空军首任司令员刘亚楼为原国民党国防部第三厅第一处空军副处长、广西壮族飞行员陆光球设宴饯行。同时参加宴会的还有从广州起义的国民党空军数十名空、地勤人员，他们将要到中共新成立的七所航空学校去工作。

陆光球在人民空军飞行员队伍中算得上"三朝元老"。30 年代初，他就在广西空军当飞行员，被新桂系首领李宗仁、白崇禧派往日本深造，因处理空中特殊情况有功，受到日方通令嘉奖；抗日战争中，他是中国空军作战部队的飞行中队长，亲率部队升空作战，他带领的中队击落了日本"驱逐大王"，立有赫赫战功；全国解放后，他是人民空军第三航校的飞行副大队长，为培养人民空军的飞行员，历尽千辛万苦，费尽心血，立有汗马之功。

中共很重视对少数民族飞行员的培养。1973 年 8 月，根据周恩来总理的指示，在第六、第八、第十六航空学校培训了维吾尔族、蒙古族、藏族、彝族、回族、哈萨克族、羌族、土族、门巴族、锡伯族、柯尔克孜族等 11 个少数民族飞行员 86 名，他们被誉为"少数民族之鹰"，人们通常认为他们是人民空军最早的少数民族飞行员。而壮族飞行员陆光球的革命飞行生涯和共和国同龄，开始飞行的岁月在 60 多年之前，是人民空军最老的少数民族飞行员。陆光球的坎坷飞行生涯鲜为人知，现将他翱翔蓝天的传奇故事实录于下，以飨读者。

一

陆光球（乳名陆如凤），壮族人，1913 年 11 月 11 日出生于广西田东县那百乡桑舍村（现平马镇梅桑村）。

1931 年 10 月至 1933 年 4 月，陆光球在广东航校六期乙班学飞行，经一年半学习，毕业后派往广西航空学校（1932 年成立，驻柳州）飞机第一队任飞行员。

1934 年，新桂系首领李宗仁、白崇禧派陆光球去日本购买新式战斗机，日方要求先派飞行、机务人员去学习飞行技术和飞机维修技术。于是广西航校从第一期毕业生和广东代培的飞行员中选拔出两批 12 人（第一批四人，第二批八人）和 8 名机务人员由陆光球率领去日本明野陆军飞行学校学习，时间四个月（1934 年 10 月至 1935 年 2 月）。有一次，陆光球驾驶"九一"式单座战斗机按照科目在高空练习"快滚"特技动作，因为操作时右肘无意中碰开了座椅绑带的开关，绑带被无意中打开了。当时飞机正在"快滚"，陆光球突然被甩出了飞机座舱之外，人和飞机各自分离从高空坠下。在这万分危险的时刻，陆光球迅速用手拉开降落伞拉环，伞开了，人安全降落地面。飞机坠地摔成碎片。回到飞机场，日本教官问明情况后，连一句责备的话也不说，反而问陆光球敢不敢再驾机升空做同样的科目。陆光球在日本教官面前毫不示弱，响亮回答："敢!"于是立即又驾另一架"九一"式单座战斗机升空做同样的科目，并圆满而出色地完成了规定的动作。在场的日本人无不佩服他的勇气，他为中国人争了光! 后来经过日本有关部门研究，认为："这次失事的原因，在于座椅绑带开关安装的位置设计不合理，如果不改装，同样的失事将来肯定还会发生。"于是，工厂通令所有使用该型飞机的单位，把座椅绑带开关一律改装在座舱的左侧。这样，飞行员操纵驾驶杆，无论做什么样激烈的特技动作，都不会碰到座椅绑带的开关上了。通令说："这次失事，揭开了一个长期的隐患，如果不是这次无意中揭开了这个隐患，将来不知还会发生多少次同样的事故。"因此，陆光球受到日本有关当局的通令嘉奖。陆光球回国后，仍服务于柳州广西航空学校，初任飞行员，不久即升为分队长。

1935 年夏秋之间，陆光球参加了新桂系的一个外围组织"广西革命同志会"，从此可以直接去见新桂系的首领李宗仁、白崇禧等高级人物了。

1936 年，两广合谋反蒋。广东空军司令黄光锐为防止内战，组织"两广"飞行员驾机北上统归中央。广西空军中有六名粤籍飞行员参加这一行动。新桂系趁机对广西空军进行组织"大换血"，全部起用新桂系自己培养的干部担任广西空军各级骨干。陆光球被提升为广西空军第一飞行教导队副队长。

二

1937 年，"七七"卢沟桥事变爆发，全国人民在抗日民族统一战线的号召下一致抗日，广西空军被改编为中央空军第三大队和一个轰炸机中队北上参战。陆光球被任命为空军第三大队第八中队中队长，与本大队第七中队一起赴兰州接收 22 架苏联制造的"依－15"式单座战斗机，在西安、襄阳、信阳、归德、孝感、南昌、衡阳、梁山等基地担任空防任务。

归德空战是陆光球抗日空战史上最光彩的一页。1938 年 3 月 25 日，中国空军兵分三路：第一路袭击豫北封邱敌军；第二路轰炸焦作火车站日本军需物资列车；第三路是陆光球率领的主力第三大队的 14 架飞机，飞往鲁南临城，轰炸敌军阵地及其以北日军大队人马。他们胜利地完成了支地作战的任务，在返回归德机场准备解散编队之前，遭敌大机群伏击。敌机群总领队是新川少佐，他率领着"中岛 97"式和"川崎 95"式战斗机 18 架，在归德上空已埋伏多时。刹那间，敌机从我机群右侧猛冲而下，我 14 架飞机在十分不利的态势下进入空战。经过十多分钟战斗，敌机被我击落 6 架，重创 2 架。

在该役中，分队长李鹰勋在追击一架敌机时，不幸被敌机击落，光荣殉国。该役牺牲的还有第八中队副队长何信、分队长莫休，我共牺牲三人。还有三人受伤：第八中队队长陆光球座机被敌击中，油箱起火，面部严重烧伤，跳伞生还，送汉口陆军第一重伤医院治疗，大队长吴汝鎏、队员黄名翔也受伤住院。

1938 年 6 月，陆光球伤愈归队，又参加了许多次重大空战。6 月，他奉命率领战斗机 7 架移防南昌，与当时援华的苏联空军志愿队共同担任南昌市及湘赣、浙赣、南浔诸铁路的防空。

1938 年 7 月 18 日晨，敌机两批拂晓偷袭南昌机场。陆光球率领机群迅速起飞迎击，空战十多分钟后，他个人即击落敌机两架，一架空中开花，另一架坠落赣江边，报了归德空战被击落之仇。

1938 年 8 月、9 月，第三大队因在南雄空战损失很大（亡 2 伤 5），在衡阳又发生汽车与火车相撞事故（亡 2 伤 11），战斗力大减，被调到四川梁山"驱逐总队"整训。这时，整个广西空军只剩下陆光球等四名飞行员能升空参加战斗了。11 月，有一天，敌轰炸机 9 架袭击梁山，当时同在"驱逐总队"整训的"两广"空军共有各种破旧战斗机 11 架，由陆光球带领起飞迎战。敌机由北而南向机场飞来，陆光球率领机群向敌机航路拦截，到达攻击位置时，急摇机翼下令攻击（当时飞机上没有无线电通信设备），霎时间，只见各机从左上方、后上方、右上方、左侧方同时对敌机编队开火，机声、枪声响彻云霄。空战空域正好在梁山县城上空，全城群众均仰望天空，拍手叫好，忘记了自己是在"躲警报"。此役重伤敌机 6 架，在返航途中陆续坠毁于我境，我方没有任何损失，打了一个漂亮的 6∶0 的歼灭战。

1939 年之后，陆光球因处理不好"嫡系"和"杂牌"的复杂关系，被调离第一线作战部队，改任航空委员会训练处驱逐组组长。那时他才二十六七岁，离开空勤队伍改行做地面工作未免过早，他通过种种关系渠道，才调到空军士官学校任驱逐科飞行组组长，既可教飞行学员学会飞行技术，又符合自己能飞行的愿望。不久升该校驱逐科科长，先后训练了第二、第三、第四期飞行学生。可是，1943 年陆光球无缘无故又被降为中级科长。他气病了，在空军医院住了一个多月，出院后被调到柳州防空司令部当联络参谋，成天吃饱饭睡大觉，无所事事。1945 年 6月，他为了改变这种无聊的环境，考进成都空军参谋学校第五期学习。直至 1946 年 6 月，才在空军参谋学校毕业，此时抗战胜利后已经过了大半年。

三

解放战争时期，国民党中央军事机构已完全按照"美式"编制进行改组，国防部各厅、局都有许多空军编制，亟待派人充任。1946 年 6

月，陆光球在空军参谋学校毕业之后，被分配到国防部第五厅第二处当空军参谋，主管军事学校的教育计划，又是一个"吃饱饭光睡大觉"的差事。

1946年冬，蒋介石要召开"制宪国民代表大会"，需要少数民族代表人物做陪衬。因此，陆光球被白崇禧圈定为广西的12名代表之一，成了"国大代表"。谁料因此被国民党空军的当权者另眼看待，步步高升。1947年春，陆光球被调到空军总部法规委员会第二组任组长，主管技术法规的编审工作。1948年春，又调任空军总部飞行安全处任副处长，主管飞行失事的分析与预防，待遇地位日渐优厚。

辽沈、淮海、平津三大战役后，国民党败局已定。1949年初，蒋介石下令将"空军总部"及"海军总部"迁往台湾，于是海、空军总部连同他们的家属匆匆提前向台湾逃迁。陆光球经过认真的思索和激烈的思想斗争，决定把家属先送回广西南宁老家暂住，自己只身去台湾，到台湾后马上想办法调回大陆的南方，再在南方继续观望时局的发展变化。如果实在调不回来，临到紧要关头，大不了"开小差"便罢。就这样陆光球单身去了台北。

这时，住在广州的国防部第三厅第一处空军副处长王荫华，强调自己是北方人，不习惯广州的气候和生活环境，急于要求调往台湾。空军总部主管人事的第一署署长魏崇良（广东人）正苦于找不到合适人选去接替而犯难。这消息被陆光球听到了，他马上找到魏崇良要求和王荫华互相对调。结果三方面（国防部、空军总部和王荫华）都同意，陆光球于1949年5月调回广州，任国防部第三厅第一处空军副处长。当时"蒋家军"节节败退，"蒋家王朝"已呈"树倒猢狲散"的局面。在人生的十字路口上，陆光球经过认真地分析和对比，决定"弃蒋投共"。他将自己的想法密商于桂系同人吕天龙、唐信光、周庭雄，孰知不谋而合，他们早有此意。于是研究决定由吕天龙去香港，设法与那里的中共地下组织取得联系。

四

1949年8月，吕天龙代表陆光球等四人去香港找共产党，正巧吕天龙的侄女吕冰是香港中共的地下工作者，通过吕冰的关系，吕天龙见到了中共驻香港地下组织的负责人，表达了他们四个人愿意跟着共产党走，要求起义的心愿。负责同志对他们的起义行动非常欢迎，并告："中国人民解放军很需要懂得航空的人才，建设人民空军大有用武之地，起义是有远大前途的。"吕天龙要求立即到解放区去参加人民解放军。负责同志说："现在广州离解放的日子不远了，你们要利用原工作岗位作掩护，提供重要情报，为革命做贡献，迎接解放。"于是，他们勇敢地在另一条战线上坚持战斗。直到1949年10月14日清晨，解放军开进了广州，他们才算起义成功了。

广州解放后，不少原国民党空军空、地勤人员到广州军管会报到。数天后，广州军事管制委员会航空处处长张孔修，亲自率领陆光球和其他起义的飞行员和地勤人员乘火车由广州来到北京，空军首长对陆光球等的到来极为重视，于是出现了本文开始的热烈欢迎场面。

1949年冬，陆光球到锦州第三航校报到，航校校长、在新疆盛世才航校学过飞行的老红军陈熙同志亲自到火车站迎接，他紧紧拉着陆光球的手说："早就接到空军司令部的通知，知道你要来了，欢迎！欢迎！"陆光球和陈熙生平首次相见，却好像旧友重逢一样，十分亲切。当时大陆实行"向苏联一边倒"的政策，航校教员全由苏联顾问担任。当时，中国人无论本事多大，只能当学生。但因教员、学员之间语言不通，需要懂得飞行技术的中国人来协助苏联顾问教学。因而，陆光球被分配到训练处担任飞行助教（这是当时中国人在航空学校中的最高技术职称了）。

　　航校首期飞行学员是东北老航校已毕业的老飞行员，他们再次进航校是为了改装苏造"拉-9型"螺旋桨式歼击机（该型机是苏造螺旋桨式歼击机的最末一代机型）。不到三个月，就完成了改装任务，他们又被全部分配到人民空军第一支作战部队——第四混成旅。陆光球第一次感受到为人民航空事业做贡献的骄傲心情和完成飞行训练任务的无比喜悦。

　　1950年夏，苏联教官多数回国去了，只留下少数飞行、机务人员当顾问，航校的飞行训练任务完全由中国人自己挑起重担，陆光球被任命为第三航校飞行中队长。这时一期甲班飞行学员已经到校，他们是从陆军部队中选拔的排、连、营级干部，共50余人，设七个教学小组。飞行教官全部是从国民党空军起义、投诚人员中挑选的，他们干劲十足，人人都有"戴罪立功"的心情。由于战备需要，训练学期仅有一年，主要以驾驶技术为主，战斗技术只学到对地面靶的射击，其他军事动作则留到飞行部队去学了。

　　在这一年中，美帝侵朝，抗美援朝战争开始了。年轻的志愿军空军已入朝参战。我国领空的安全也受到威胁，有一天，第三航校政委黄玉昆找陆光球谈话，黄政委问："如果敌机来侵袭，你敢不敢驾机升空迎战？"陆光球表示："为什么不敢？空战时自己在隆隆的发动机吼叫声中向敌机哒、哒、哒开！我还想再显一显这种威风呢！"黄政委听后，当即交给陆光球一项特殊的任务："白天守候在拉-9型单座战斗机旁，担任战斗警戒，一旦敌机来空袭，立即升空迎战。"因当时在三航校的飞行教员中，只有陆光球一人飞过"拉-9型"战斗机，所以，战斗值班人员只有陆光球一人。他以极高的工作积极性，既保证完成带飞飞行员的训练任务，又保证完成战斗值班任务，成天飞行装具不离手，"单枪匹马"在飞机旁担任值班任务。虽数月没有战机，但领导的信任大大增添了陆光球的荣誉感，觉得浑身有用不完的劲头！

1951 年初，飞行中队扩编为飞行大队，下辖两个飞行中队，每中队六个飞行教学小组，以中队为单位，分上下午两个场次组织飞行训练。飞行教员不敷任务之需，只好由刚刚毕业的第二批飞行学员中选用。这时，陆光球升任副大队长（大队长缺编），负责全大队的训练工作。上下午都要到机场跟班飞行，还要担负一项战备值班任务，工作异常紧张，但心情却十分愉快。

陆光球在第三航校工作了七个年头，培养了一批又一批飞行学员，使大批年轻人飞上了祖国的蓝天，这些学员现在有不少人当了将军、大校、上校，成了人民空军的骨干。而陆光球随着年龄的增加而转业，而离休。他把自己的全部青春年华奉献给了祖国的蓝天。

1981 年陆光球加入了"中国国民党革命委员会"，被选为吉林省长春市第五、六届政协委员，长春市南关区第一、二届政协副主席。陆光球以 80 岁高龄的耄耋老人之身，继续为祖国的统一大业竭尽全力。

"飞虎队"中的"中国虎"

红翼　孟力

在抗日战争最艰苦的年代，以陈纳德将军为首的美国援华志愿航空队和在此基础上发展起来的"中国战区空军特遣队"（亦称美国陆军第十航空队第二十三战斗大队）、美国陆军第十四航空队，为了支援中国人民抗日战争创下了丰功伟绩，立下了赫赫战功。

美国援华志愿航空队的主要装备 P－40 式战斗机外貌奇特，它的发动机下面的冷却罩连接机身，构成短粗的机头，机头上绘有鲨鱼的血盆大口，上下配有两排雪白的利齿，鱼头上还有一对带点邪恶气的斜视的眼睛，给 P－40 型机增添了一种猛悍的神气。此外，机身上还绘着"带翼小老虎"的机徽，"飞虎队"即因此而得名。

在人们的印象中，一提到"飞虎队"就联想到美国朋友。但在当年的"飞虎队"中有三分之一左右的"飞虎"是华人，他们在祖国遭到外侮的关键时刻，回到中国，在蓝天上与敌人厮杀、搏斗的动人事绩，却鲜为人知。笔者是"中国航空史研究会"的副理事长，最近在研究数百名当年的飞虎队员的材料时，才发现飞虎队员中不光有"美洲虎"，还有大量的"中国飞虎"。

陈纳德将军和他指挥的"飞虎队"是1941年8月1日在缅甸东吁、胶勃东成立的，在中、印、缅战区抗击日本侵略者。1941年12月8日太平洋战争爆发，美国正式成为交战国。此后，"飞虎队"于1942年7月4日并入美国陆军第十航空队，编为第二十三战斗大队（亦称"中国战区空军特遣队"）。1943年3月2日，特遣队改编为美国陆军第十四航空队，陈纳德被正式任命为司令，恢复现役，被授予少将军衔。而空军特遣队和十四航空队依然被称为"飞虎队"。在抗日战争期间，截至1944年夏季，"飞虎队"在中、印、缅战场上共击落、击伤日本飞机2000多架，涌现出一批王牌飞行员（指击落敌机五架以上者），先后有37人得此称号，仅他们就击落敌机279架，其中赫尔（Davidov Hill）击落18架，斯考特（R. L. Scott）击落10架。中国飞虎高又新、王光复各击落敌机10架，谭鲲击落8架，成为抗日战场上的风云人物。

1944年冬，东北汉子高又新升任空军第四大队副大队长，此时该大队的大队长是司徒福。空军第四大队名义上驻在重庆，部队则以中队为单位，分散在各战场。大队长司徒福成了空中巡回大队长，经常亲自驾着P-40到各战场去巡视，遇见要紧的任务，便立即带队升空。

刚升为副大队长的高又新，看着大队长时常"御驾亲征"，于是对司徒福说："大座，大队部的事情积压太多了，很多事儿我也不懂，你应该多在家里照顾照顾，前边的事情让给我吧。咱对笔杆儿要不灵，只会拿驾驶杆。你是抗战老英雄了，你的飞行时间比咱们多了大半截儿了。"

高又新这么一蘑菇，弄得司徒福不好意思了："好吧，王副主任（叔铭）由汉中来电话，现在小日本打到了卢氏，他们在西峡口构筑了坚固工事，另在洛阳附近向灵宝猛攻，同时在河南境内仍有战事，你今天就带 12 架飞机去安康,听王副主任指挥。"

高又新"吧"的一声敬个礼:"谢谢大座,咱一定不会丢人,请您放一百个心,咱带一打 P-40 出去,至少带一打'零式'回来。"司徒福趁机将了他一军:"你甭一个劲儿地往自个儿脸上贴金,我看你空手怎么回来?"这是最好的激将法。

高又新组织了一个混合中队,把赵襄国、董启恒、王宝翔、李长泰等年轻的飞行尖子都抽在这个中队里。

12 架鲨鱼头 P-40,从白市驿飞到了安康,刚一落地,立即接到汉中的电话,是航委会副主任王叔铭亲自打来的,他告诉高又新:"你们加好油,立刻飞郑州、洛阳巡逻,作武力侦察,要注意通往灵宝和卢氏的几条公路,如果发现有敌人部队的车辆,要彻底射击。"

高又新接完电话,集合全体飞行员宣布了王副主任的命令,并规定这项任务的详细要求:"我们仍用双机编队起飞,为了争取时间,不再绕机场转圈搞编队集合了。我起飞后保持小油门往北飞,等待后边的飞机直线追赶上来集合,过山就进入战区,用不到密集队形,各以双机交相掩护,遇见地面情况时,听我命令行动,现在上飞机。"12 架红嘴白牙的大飞鲨,离地之后跃过汉水,爬过大山,很快地集合好了。

飞了一阵,高又新命令道:"注意搜索!现在前面是鲁山,右前方是许昌,这一带的空中常会闹鬼的。"

高又新话音刚落,董启恒突然高兴地大叫:"副大座,左后方有几个白点儿,可能是东条('零式'的别名)!"

"我看见了,那是 11 架'零式',他们也许还未发现我们,我们在阳光里尽量爬高,然后再回来打他们。"高又新说。

听到高又新和董启恒的对话,可急坏了李长泰,他的飞机还带着八捆杀伤伞弹,无法升高参加空战,可是李长泰多么希望能参加空战啊!

他喊道:"报告副大座,我也上来好不好?"

"用不着你上来,你直飞西峡口,我们拦住这批鬼子飞机,你到西峡口时,可能不会再有'零式'捣蛋了!"高又新斩钉截铁地说。

李长泰虽满心不是滋味儿,但军人执行命令是天职,也只好往西峡口直飞。

无巧不成书,李长泰飞西峡口的航向,正是高又新爬高上升的航向,也是日本飞机飞行的方向。三群飞机在不同的高度层向着一个方向飞,好像是"零式"战斗机在追赶我上下两层P-40。

李长泰飞到西峡口,看见在一道山隘口的几十株枯枝落叶的老树下边,明晃晃地摆着12门大炮,三五百名日本兵正在忙乱着,用大炮向西面对山岭上轰击,山坡上,有一两千名日本兵,在大炮的掩护下,向山岭上进攻。

李长泰来不及向高又新报告了,他直向敌人大炮阵地扑去。先开枪,后投弹,等他们拉起来的时候,正看见伞弹坠地爆炸,12门日本大炮都变成了废铁,炸弹引爆了大炮附近堆存的炮弹接二连三地爆炸,彻底摧毁了敌炮兵阵地。

这时李长泰才向高又新报告:"我们炸毁了敌人的炮兵阵地,粉碎了敌人的一次攻击,现在可以让我们上来了吧?"

高又新笑着说:"你们干得很出色,我们在高空已经看了个大概。你们不用上来,敌机已向你们俯冲了,你们仍用现在的高度,装作未发现敌机,继续用大油门往西峡口飞,我们也马上冲下来!"

李长泰回头看到11架敌机正在自己后上方1000多公尺的距离上,同时也看到高又新带领的8架P-40迎头冲下来,比敌机的高度高约1000公尺,此时已形成很有利的空战态势。李长泰加满油门猛往南飞,日本飞机一心想要吃掉李长泰的四架P-40,就疏忽了在他们的上面、在太阳光里隐有他们的杀星。

敌机利用俯冲的速度与李长泰越飞越近了，再接近 300 米就是开炮的距离。高又新的八架 P-40 也冲下来了，P-40 的俯冲速度比"零式"更快，很快便接近了敌机。八架 P-40 各选目标，一齐开火，等敌机发现"天神"下降时，无情的飞剑已削断了它们的翅膀，切裂了它们的脑袋，砍碎了它们的油箱，刺爆了它们的机身肚皮，这第一个照面，11 架敌机便有四架永远躺在熊耳山谷了。其余的七架敌机，哪敢再去追袭李长泰的四架 P-40，它们夹着尾巴逃跑了。高又新看了看油量表，油料已剩不多，只得下令返航，回到安康。12 架战机没有一架留在外边，也没有一架负伤，取得了一次完全的胜利。

高又新在中原战场带领 12 架 P-40 打了十天，带回空中击落敌机12 架的纪录，其他对地面攻击的成就，就不必多提了。

1944 年初冬，恩施机场打得十分激烈。20 岁刚出头、清瘦精明的小伙子王光复这时已有击落四架"零式"战斗机的纪录，不少人为他祝贺，有人要请他吃饭，王光复却闪动着亮晶晶的眼睛说："甭忙，等我有了十架纪录时再吃你们的。听说高又新已经有了十架到手，咱还差得远哪！"

一次，王光复所在的三大队担任掩护一大队六架 B-25 轰炸鄂中羊楼洞作战物资堆积场，七中队的王光复、贺哲生、葛希韶、张世振、汪梦泉和三名美国飞行员，他们的任务是紧随在 B-25 的下边，担任下层掩护：不但要负责驱逐低空来袭的敌人飞机，还要负责压制地面的敌人高射炮火。

第八中队的六架 P-40 担任中层掩护，三十二中队和二十八中队各四架 P-40 担任高层掩护。B-25 在上、中、下三层的周密掩护下，浩浩荡荡地向羊楼洞前进。我轰炸机群第一分队的长机是美国人，第二分队的领队长机是中央航校五期毕业生陈衣凡。

当我机群接近羊楼洞上空时，王光复发现右前方有敌战斗机群向我扑来，即报告陈衣凡："老大，老大，一点钟的位置，有乌鸦（B－25代号）15只，唔！不，是20只。"

王光复已无时间详细地再呼叫在中层、上层掩护的P－40，其实也用不着一个一个地提名道姓了，各飞机上的无线电都是同一频率，只要他一吆喝，全能听到。

陈衣凡虽然知道了敌机接近的危急状况，但他连眼珠也未转动，仍全神贯注在驾驶飞机，因飞机操纵系统非常灵活，只要有一点儿"意动"，飞机就会跟着反应出来，对轰炸命中率就有影响……这就是一位标准的轰炸英雄的基本精神。

炸弹全部向羊楼洞倾泻，羊楼洞已经变成了烟火洞。一阵炸弹爆炸之后，引发了一场猛烈的继续爆炸和冲天的燎原大火。

20架敌机冲下来了。怪！它们不去攻击三十二中队和二十八中队的最高层掩护机，也不攻击中层的第八中队和B－25，却怪里怪气地扑向不到2000公尺高的第七中队的八架P－40。王光复早就发觉了敌机的企图，他用英语报告美国领队长机："吃稳，'零式'现在是要对我们奇袭，我们装作未看见，等它们冲到开枪距离时，咱们来个突然上升甩掉它们，它们来不及上升，一定继续俯冲，咱们一翻身，正好捉它们的尾巴。"

此时20架敌机闪电般冲下来，敌机冲到了B－25的下边，我在高空与中空的掩护飞机，已掠空对敌机掩袭过来，敌机却一门心思攻击在最下层的八架P－40，它们满以为可以得手了。就在敌机将要开枪的时候，我们八架P－40却突然凶猛仰首，对着敌机喷出了火舌。事出意外，敌机不敢拉高，那样一来，正好给我机射击，于是仍以全速俯冲逃跑。但晚了，王光复首开纪录，一下子打碎了一架敌机的躯体，一股火焰往地面飘落。紧接着汪梦泉也击落一架。七中队的八架P－40，每个都捉住了目标，羊楼洞上空漫天弹火，伴着震天的机声和枪声，日本飞机像飘落的秋叶，纷纷下坠。可惜我机不能远离B－25，眼看在可能将敌机全部消灭之时，总领队下令返航了。这是一场吃冰激凌式的牛刀小试，敌机大败而逃。

到抗战胜利时，王光复果然有了在空中击落敌机十架的纪录，被誉为"零式的克星"。

高又新、王光复、谭鲲等出色的"中国飞虎"，是战斗在陈纳德将军指挥的"飞虎队"中炎黄子孙的优秀代表，他们为炎黄子孙增了光、添了彩。还有许多有名的和无名的炎黄子孙，和美国朋友并肩战斗、比翼齐飞，在御侮抗战中，同样做出了自己的贡献。

在中美飞行员并肩战斗、比翼齐飞的年月里，传颂着许多友谊的佳话。

在衡阳机场，美国飞行队长孟宁汉上尉和飞行员程敦荣，奉命去洞庭湖执行俯冲轰炸任务。孟宁汉和程敦荣在停机坪前的草地上盘腿坐地，仔细地研究如何完成好这次战斗任务。

孟问程："过去投过炸弹没有？"

程："当飞行学员时打过地靶，由于在美国飞的是前三点的P－39型'空中眼镜蛇'式战斗机，对P－40战斗机不熟悉，而且因燃料太缺，轰炸课目我只飞过三个起落……"

于是孟仔细地给程讲解P－40的投弹要领，如何以机翼上的一点对准目标（因为战斗机没有投弹瞄准具），如何进入俯冲，如何掌握好投弹时机等。可是第一次程敦荣还是因俯冲角过大，速度太快，一下子把500公斤炸弹投到洞庭湖去了。

回到衡阳基地，程敦荣非常惭愧。而孟宁汉队长却笑着对程说："程！炸死了不少鱼吧，哈哈！"紧张的情绪立即缓和下来。气氛缓和之后，孟又帮助程分析弹着点偏离目标的原因、纠正的办法及应注意的事项，特别是如何保持好俯冲的角度和调整好速度的动作要领，手把手地给程做示范动作。果然第二次投弹，程敦荣就直接命中了目标。程高兴得逢人就说，他的战绩和孟队长的耐心帮助是分不开的。中、美飞行员就是这样在战斗中学习，共同提高的。

战后曾任美国空军协会（AFA）主席、诺斯洛雷飞机公司总经理，当年在二十三大队任过副大队长的约翰·亚利逊将军（J. Alison），有一次在没有夜间设备的情况下，和飞行员巴尔麦两人，用 P－40 型飞机拦截并击落过日本夜航轰炸机。在那次战斗中，他自己的飞机也被打伤，迫降在湘江里，幸被中国渔民救了起来。另一次，在支援陆军鄂西会战中，亚利逊的座机被日本战斗机缠住，机身中弹，情况十分危急。这时，中国飞行员臧锡兰一举击落咬住他的日机，才使亚利逊死里逃生。中美战友的这种战斗友谊经常在"飞虎队"中传为佳话。

1972 年驾驶"空军一号"送尼克松总统首次访华的专机飞行员梁汉一准将，当年也是"飞虎队"队员，他于 1941 年参加陈纳德将军领导的"飞虎队"任上尉飞行员，1944 年曾驾驶飞机到过延安，荣幸地受到毛主席等中央首长接见。1972 年到北京，再次受到毛主席的接见，并与毛主席亲切对话，讲到了延安的相会，并告诉毛主席说，他的家乡是广东省恩平县歇马村。毛主席很高兴，馈赠他一份礼物——茅台酒。

陈纳德将军和"飞虎队"的历史功绩，"飞虎队"中的炎黄子孙对祖国、对人民的赤诚爱心，中国人民千秋万代不会忘记。

强虏不灭誓不还

——我的飞行生涯

马叔青口述　傅绍信　程士贵整理

1937年5月1日，我于杭州笕桥中央航空学校第六期毕业，分配到空军第一轰炸大队第二中队担任准尉飞行见习员。两个月零七天后，七七事变发生，全面抗战开始。

1931年九一八事变爆发后，日军无端占领我东三省，是时我正休学在家，闻讯热血沸腾，义愤填膺，偷偷离家出走，乘夜步行60里至青州（益都），搭火车去济南参军要与敌寇决战，收复国土。当时的心情，有如斯诗："少小立志出乡关，倭寇不灭誓不还，埋骨何需桑梓地，五洲到处有青山。"我先参加陆军，后又辗转进入空军。自九一八至七七，整整差两个月零11天，就是六年了，终于等到了报仇雪耻，杀敌救国的大好机会，我空军日夜出动，轰炸敌军军舰、兵营、阵地等目标，使敌军伤亡惨重。我们用的飞机是美国制造的"罗司诺浦"单发动机的轻轰炸机，此机在保卫上海一战，即损失殆尽，同时死伤许多长官及同学。斯时，我国沿海港口均被日军封锁。英美声明中立，我空军飞机无处补充。英国更是绝情绝义，欺弱媚强，竟封锁了滇缅铁、公路，使我国最后的对外通道从此完全断绝。这时苏俄已与我复交，表示援助。由新疆陆续运送作战物资及飞机 777 架，其中战斗机（E - 15）及（E - 16）数量较多，轰炸机（S - B）数量较少。这种飞机是全金属制造，流线型外表，相当秀丽，双发动机，水冷式，速度及载重量亦颇令人满意。其时我军自上海、南京撤退后，敌已进占芜湖、蚌埠、安庆等机场，正在集结陆军、空军，进攻我台儿庄及徐州等地。为不使敌军利用此数处机场，我空军日夜连续轰炸，使敌军不堪其扰。是时我队驻于南昌，奸诈的敌军已侦知我军新从苏俄引进一批飞机，企图消灭我机于地面，以绝腾空迎战。

初次遇险生还　实为侥幸

1937 年 11 月 5 日，我们正在睡梦之中，忽闻警报大响，队长徐康良（航校第一期毕业，为人温恭、宽宏，现仍健在）大声呼叫："敌轰炸机十余架正向我南昌飞来，大家快去机场，将飞机飞往吉安暂避！"那时没有今日这样完善的装备，我们全队没有一部汽车，只靠两条腿走路，我们一群负责警戒的人员，急忙抓起飞行衣帽，以跑百米的速度跑向机场。我们的宿舍，距机场约 1200 公尺，跑得上气不接下气，急忙登机与机械人员合作，发动飞机马达。这种 S - B 轰炸机可乘坐三人，前舱是轰炸员座，中舱是驾驶员座，后舱是射击士座，三个舱位完全隔离，在空中不能调换。驾驶员是先期同学苏宝善少尉，射击员也是先期同学邓扬义少尉（他本是轰炸员身份，因怕前座危险，请求队长改任射击员）。我的阶级最小，是准尉飞行见习员。以飞行员充任轰炸员，未免大材小用，但轰炸员缺乏，为不误作战，只好由飞行员充任。我担任斯职，坐在前座，无论作战或训练，已有两个月之久，甚为顺利。那日不知何故，一上飞机，即从前座上方小玻璃窗向后观望，见驾驶员已安然就座，射击员却尚未赶到。我不知哪里来的灵感，立即由前座下来，移往后座。这时已是紧急警报，敌机马上就到，一位机械同人忽然来问我："教官（这是机械人员对飞行人员的尊称），前座有人吗？"我回答没有。"那么，我坐好不好？"那时敌机轰轰之声已遥遥可闻，为了让他脱离险地，我答应了他。情况十分紧急，驾驶员迅速滑到起机位置，立即起飞。飞机刚离地面50多公尺，发动机忽然停车。啊！温度不够哇！这个时间，这个高度，停车最为危险，既不可转回机场，一转便有失速坠地之险，又无时间选择迫降机场或场所，只有向前直滑。如果前面有山，就会撞山；前面有水，就要下水。在南昌青云谱机场外边，既无山，也无水，而是丘岭起伏，高低不平之地。其中有树林，有坟场，有池塘，有家屋。飞机一触地面，即蹦蹦跳跳，东冲西撞。我面向后坐，脊背与椅背相撞，其震力之大有如千钧，人竟被震昏迷，不知飞机是如何停止的。也不知昏迷了多久，及至悠悠醒来，还算幸运，人未面向前坐，脑壳未撞在仪器板上，否则就不会再爬出飞机了。我从飞机里爬出来，脚一触地，即倒在地上，原来是脚踝被钝器（可能是向下射击的机枪柄）击伤，连皮带肉一大裂口，正在流血。我为要明了中座及前座情况，勉力爬起，一跛一颠地去看驾驶员座舱，人竟不见了。正在彷徨迟疑之际，忽听有人轻声喊我，回头一看，正是驾驶员苏宝善学长。他坐在地上，满头满脸及全身都被黄土遮盖，如地面一色。如果他不说话的话，恐怕一时还找不到他哩！他的驾驶舱挤得扁扁的，幸有驾驶盘挡驾，头颅未撞仪器铁板，只是两只鞋子，被挤弯的铝管夹住了，无法拿出，幸其脚未伤，自行爬出飞机。他有气无力地说，"你去看看前座如何了？"我一看前舱的破碎情况，即知凶多吉少，不看还好，这一看，几乎把人吓死！只见那位充任轰炸员的机械员头盖骨破裂，脑浆及鲜血齐流，头上、脸上及衣服上尽是脑浆及鲜血，死状极惨。幸飞机平躺地面而未翻覆，满箱汽油亦未着火。否则我们三人，一个也逃不出来。也感谢近村同胞们，热心救助，推来两辆鸡公车，将我和苏学长推到数十里远的南昌医院就医。后来得知那天我们一共起飞四架飞机，有两架平安飞到吉安，有两架坠毁。我们这一架万幸，一死二生；另一架三人不幸全牺牲了。飞到吉安的两架飞机，在空中看到我这架飞机破碎的样子，认为我们必难生还，尤其是坐前座的我绝无生还之机。李湘涛、韩锦桐同期毕业的同学，也是派任轰炸员的，在吉安一夜未曾合眼。翌日，他们由吉安飞回南昌，一听说我由前座换到后座而未死难，大喜过望，急到南昌医院相见，二话没说，一开口就是"你的命真大"！是呀，不要说他们远在吉安想不到有这种事，即在南昌的同队人们连队长包括在内，也认为是千年不遇的巧合，表示祝贺。而那位临阵退却的邓扬义先生也就免罚了。以后不久，他人忽然消失不见了。事后证明，这个人是怕死而开溜了，真不知廉耻，被后人贻笑大方。

我与苏学长（现仍健在，移居美国）被送往南昌医院后，经医生检查我无内伤，也没脑震荡，只是足踝外伤，经敷药包扎后，不久即完全复原。因战争紧急，队上缺人，我立即出院归队，继续担任轰炸员工作。而苏学长则因内部受伤，转至长沙休养所休养。

二次遇险脱身　幸是虚惊

台儿庄战事结束后，日军正集结陆空军向徐州进攻。南昌区司令官张廷孟上校意欲破坏被日军所占领的机场，以免被其利用。一日，我们三架飞机出发，奉命轰炸芜湖机场，由大队长孙仲华少校亲自领队。到了芜湖机场上空未投炸弹，大队长率领我们向芜湖江边一军舰飞去，并瞄准一齐将炸弹投下，只见高射炮火，未见敌机追击，大家得意扬扬，轻松愉快地返飞基地——南昌。落地后刚滑到停机线时，司令张廷孟

（绰号张剥皮，言其凶狠严厉之意）派来传令兵，请我们领队孙仲华少校到其办公室见他。不久，领队回来，故作镇静地说："你们不要怕！要枪毙就枪毙我好了！"我们大吃一惊，急问大队长是怎么回事。孙大队长是东北航校出身，老成持重，平心静气地说："张司令的火暴脾气，你们是晓得的，他一见我就拍桌大骂说，你们干的好事！我命令你们轰炸芜湖机场，谁叫你们轰炸军舰？那是美国军舰，是给我们作情报的！你们不服从命令，应该枪毙！我就当即回答说，轰炸战术上说，轰炸有第一目标及第二目标之规范，机场固是第一目标，但未见其一机停留，而又瞥见芜湖长江码头停一军舰，最值得一炸，其时我们飞在 6000 米之上，看不清旗帜舰号，但凭猜想，日本新占领芜湖，自然是日本军舰，在此战乱之际，哪有外国船只来此冒险之理？谁知它竟是美国军舰呢？错误既出，我愿负完全责任，接受任何处罚！"原来是美国军舰被炸后，急电重庆蒋委员长，委员长大为震怒，急电航空委员会周至柔主任。周主任又急电南昌张司令严令查问，张司令骂过之后，余怒未息，大声吼斥："你们等着瞧吧！只看你们的造化如何！"我们就等呀！等呀！一夜未曾合眼。翌晨 8 时，我们连早饭也无心去吃。司令官来电话了，命孙大队长到其办公室谈话。移时大队长笑嘻嘻地回来说："我一到司令办公室，司令笑着即将一纸电报甩给我说，你们的运气还不错哩！委座电文略以'炸弹未直接命中军舰，只是几个破片飞到舰上，人舰均未受伤，美舰不愿追究，本委员长亦认为是无心之失，此后注意小心可也。'"看来技术欠佳，投弹不准，也能救人性命！一场虚惊，即此结束。

三次遇险得免　确是奇迹

1938 年 4 月 29 日，我队又奉命轰炸蚌埠机场。一分队三架飞机，由分队长吴国梁中尉领队（已阵亡），二号机是万承烈少尉和我，三号机是王曦少尉和李湘涛同学。由南昌起飞至汉口落地加油后直飞安徽蚌埠，见机场有飞机停留，瞄准后，将炸弹连续投下，立见机场发生大火。事后得知，炸毁其飞机十余架，汽油2000多桶。我们正在返航之际，忽见敌战斗机九架，向我机追来，居高临下，轮番向我机射击。我队三机编队，后座三挺机枪，构成交叉火网，当即击毁敌机两架。斯时我机发动机也被击中，飞机急剧下降，我想要跳伞逃生，又恐落在敌区，被俘受辱，决心与飞机共存亡，然忆及前次南昌迫降，前座惨死情况，不禁惊恐万状。然又想到先贤文天祥诗"人生自古谁无死，留取丹心照汗青"，死得其所，又复何憾！飞机愈降愈低，自6000公尺降至零公尺，只听"咔嚓"一声，我即失去知觉，不省人事。及至清醒，不知身在何处，只见满屋人头攒动，挤得水泄不通。看到我们的驾驶员，也是机长万承烈学长在旁，乃有气无力地问这是怎么回事？万学长告知，这是安徽省六安市临时省政府医务所，这些人是来慰劳你的呀！我躺在病床上，看见此来彼往的男、女、中、小学生，眼中含着热泪，高唱爱国歌曲，其尊崇、爱戴之情，溢于眉宇之间，我不禁也被感动得流下热泪。临时医务所医生及医药均极度缺乏，不知是医生还是护士，给我检查了一下，头顶破一小口，还好，流血不多，敷点药膏，包扎一下就行了，但左前臂的尺骨、桡骨断折，他们却不给接骨，也不上石膏，大概是无能为力吧！只是弄两片薄木板，将骨折处夹起来，再用绷带一绑，就算完事。第二天医务所弄来一辆运货卡车，车子上铺了一层稻草，把我抬上卡车卧在稻草上。堆了半屋子的慰劳品，鲜花、水果、食品、烟、酒、罐头等，临行一样也未带走，都留给医务所了。六安至汉口，车行二整天，可能是公路差劲，不能开快车吧？途中我的精神渐渐恢复正常，万承烈学长开始和我聊天，细说迫降经过："我机右发动机中弹起火，火舌拖了很长，你坐在前座是看不见的。我觉得危险至极，想通知你跳伞逃生，无奈机上无通话设备，无法通知，既不能通知你跳伞，而我又怎能抛弃战友，独自跳伞逃生呢？我决心冒火焚之大险，急速下降，觅地迫降。此时我发现地面是安徽寿县某村，那里地势尚平坦，不是稻田、就是菜园，于是不放轮子，以机腹着地，撞击尚不甚重。我二人（指与后座射击士）急速爬出飞机，此时火势已大，急向前座看你，见前舱破碎不堪，而你人却不见了。正在惊惶疑虑之际，忽发现你趴在飞机前方 10 余米处，即请来看热闹的村民把你抬到一菜园小屋中。小屋离飞机 200 多米，内有土炕，上面铺有草席，将你轻轻放在上面。同时喊叫，让人群赶快离开，因机内尚有 50 公斤大炸弹一枚（因挂弹勾故障，未能投下），及机枪子弹千余发，若飞机燃烧爆炸，万分危险。未几，果然'轰隆'一声，炸弹爆炸，飞机灰烬四扬，幸围观者听劝，及时离开，未有伤亡。我与他（指后座射击士）二人陪你一夜未睡，看到你两眼通红，奄奄一息，只是忧心如焚而毫无急救之法。翌日天刚亮，村中一长者来小屋慰问，我即请他帮忙，弄个担架来，好把你抬往医院。那个担架极为简单。仅是两根大竹竿绑上被单及绳索而已。他们又派了四位壮丁，轮流抬你到数十里外的六安，那时你才慢慢醒来，我心中的一块石头才得落下。叔青呀！天下哪有这种怪事呢？每次飞机迫降，前座或死或伤，都是挤在舱内，自己无法出来，非要人将上面小玻璃窗打开，把他拖出来，而你这次竟然摔出舱外十数公尺！难道你变成了一颗炮弹，将坚固的铝合金舱架及不碎玻璃一击而出吗？简直是不可思议！如果不被摔出而挤在舱内，因火势迅即蔓延，绝无时间救助。千思万想，皆无从解释。"我谢了他们的救护，又问起那两架飞机。万学长说："在六安医务所向南昌与队长通过电话，报告你受伤情况。队长也顺便告诉了那两架飞机的情况，一架中弹四十几颗，一架中弹 32 颗，幸未击中要害，均已平安飞回。唯有一轰炸员，见飞机直冲下降，疑是飞机或驾驶员出了问题，急忙跳伞。可恶的敌寇，把失去战斗能力的人也不放过，将跳伞者击中肩部一弹，幸无大碍。"

按现今医术来说，接骨算得了什么？最多开刀一次，一二个月即可复原。可是50年以前，开刀是非常冒险的事，如不幸刀口发炎，即有性命危险。汉口法国人开的万国医院算是高级的了，他们也不敢随意动手术，先是用我们的老法子，摸摸捏捏的接合，但因时间已迟五六天，肌肉收缩，断骨也随之交叉收缩，用人力无法拉出，于是用吊挂之法，用胶布及绳索，将断臂吊于天花板上，所受之苦，殊难形容。而断骨依然如故，毫未拉动。于是决定开刀接骨。开刀后见新骨已生，不敢移动，即将刀口缝合，徒受一刀之罪。几天后刀口发炎，已见出脓现象，法国医生用镊子柄拨弄刀口几下，将脓擦掉；撒上一种咖啡色药粉，幸能止炎，否则不堪设想。刀口虽见平复，而断骨还是断骨。那位法国万国医院外科主任医生，已束手无策。

三个月的时间，白白浪费掉了。时间耽误愈久，恐怕愈难治疗。我忧心如焚，斯时因前方战事不利，汉口难保，航空委员会做撤退准备，决定先撤退伤患。一小型运输机，可坐四人，将我和高冠才同学（飞机迫降大腿骨断折，伤愈后归队阵亡）及周锡年同学（空战右臂中弹伤骨，飞机起火跳伞逃生，现已病故）三人送至成都四圣祠医院就医。这家医院是中国人办的。外科主任董炳奇先生，湖北人，矮矮胖胖，脾气火暴，其属下小医生畏之如虎，然对病人甚为和气。他说我这断骨，被万国医院耽误了，他当尽力而为，能接好是大家的福气，下文他就不说了，唯对其属下医生讲解时，我听到一句话："如不行可能切除全肢。"但手术非常顺利，将断骨弄去一节，再用银丝绑牢（这些银丝伴我终生），上了石膏，将刀口一方留一空隙，以便换药。两个月后卸去石膏，骨已完全接好，刀口也长得不错。啊！中国的医生真高明！骨是接好了，而手臂短了约半英寸，手肘弯曲10度左右不能伸直，手腕转动不灵，无名指与小指关节僵硬，不能握拳，幸是左手，如果是右手的话，就别想再拿那根驾驶杆了。

言传身教　也为灭敌

我伤愈出院归队，空医（负责飞行人体格检查者）向我道贺后，即检查我的断手手腕及手指，认为已成半残废状态，建议我不要飞了。我说："倭寇未灭誓不还，这是我从军的小小志愿，我要再上前线，死而后已。"空医见我意志坚决，只好说："请你先到教育机关试飞小型飞机，如无问题，再归队作战如何？"于是我就调到成都军士飞行学校，当起教师爷来了。在士校任教二年，教了两期学生，除一名学生有航空病（晕机）不能飞外，其余10多名均教出并毕业，成绩卓著。因缺乏轰炸员及射击士，空军在新疆伊宁成立教导队，我志愿调往任上尉教官，并率领学员120人，乘卡车四辆，由成都向新疆伊宁出发。因车辆老旧，沿途曾抛锚。又一次，正盘旋爬登一高山时（可能是秦岭），引擎突然停火，车后退加速，幸能及时刹住，否则将坠入百丈悬崖，亦云险矣！途经剑阁、玉门、火焰山等地，走了40余日才到达目的地——伊宁，较之徒步也相差无几。伊宁在新疆西北边界，伊宁以西大片土地原是中国的领土，被沙皇侵占不还，每忆及此事，我便心中愤愤不平。

伊宁纬度高，夏日气候不热也不冷，甚为宜人，冬天则寒冷异常，经常在零下40℃左右，地面积雪2米。机场用牛拉石碾子将雪压实，飞机换上雪橇，如滑雪一般起飞降落，颇感新奇。天气太冷了，飞机内滑油都结了冰，要用火烤化冻后，始可发动引擎。飞行人员穿的飞行衣、帽、手套、长筒皮靴等，也特别加厚，另在脸上加一皮罩，每次飞回，将面罩取下时，脸上仍是冻的红一块、紫一块，但眼镜下两个圆圈，尚保持原色。唱小丑的花脸也没有这种脸谱，颇滑稽可笑！因作战需要人，我们日夜加紧训练，共训出三期300余人，又是我领队，把他们带回成都参加作战，甚为得手。

我喜欢运动，更热爱飞行。飞作战飞机，遭遇两次大险，奇迹生还，前面已经谈过。而飞教练小型飞机，也不是完全安全，机毁人亡之事层出不穷。我飞教练小型飞机三年中，遇到四次危险。一次是空中汽缸爆炸迫降；一次是电机失灵停火迫降；一次是大雾久久不散，无法降落，汽油飞干迫降；以上三次均在成都。第四次遇险是在新疆，当时驾驶的是美国产的北美号飞机，这是老掉牙的飞机，出毛病是在意料之中，返航时果然发动机转数减少，而且震动甚剧，只得在天山脚下觅一平坡迫降。以上四次迫降均人机安全，飞行技术尚可，堪自慰。

由伊宁调回成都空运队后，我又飞空运机数月。在抗战胜利前三个月，即1945年5月间，又被派为赴美受训学员领队，集中在双流基地待命。因战事及交通问题一再迟延，未能成行。同年8月15日，日本战败，向我国及盟国无条件投降，于是鞭炮齐鸣，举国欢腾。八年抗战，终于胜利了！我的从军目的圆满达成，快活之至！

我们120人一直等到第二年4月，方由上海登上美军运输舰起航，经韩国仁川、日本东京，而至美国西北角港口西雅图，海上航行共14天。途中风浪特大，晕船而呕吐者，颇不乏人。有人全程不能吃饭，在其饭卡上只剪了两个洞，就是船未开时吃了一次，至船到达停港后，才又吃了一次。幸我未晕船。下船后换乘火车，自华盛顿州、加利福尼亚、亚利桑那、新墨西哥等，而到达目的地——得克萨斯州，几乎绕美国半周，历时四天三夜。休息三天后，将飞行的、机械的、领航的、通信的各系学员生分别送往各地各学校受训。我奉派去俄克拉荷马飞行学校任领队，后又转往路易斯安那任领队，坐办公室办公，以未得受美国新飞机训练为憾。一年后学员生飞行毕业，连几位教官在内共 60 余人，又派我领队回国。我简直成了领队专家了！

自旧金山搭乘还是那种受罪的运输舰，抵上海后再搭乘宁沪铁路去南京航空委员会报到，将飞行学员，不，现在已是飞行员了，按名册点交给人事署。我也自我放了几天假到北平会晤久别的妻子。不几日接到命令，调我去上海空军供应司令部任人事政策科科长。我从此放下驾驶杆，而拿起笔杆。飞行资格继续保留，每隔几个月练飞一次，以不使生疏忘怀也！直到退役为止。退役时军阶为空军上校。

后 记

回忆至此，感想颇多。我要感谢万学长万承烈先生（浙江人，航校四期毕业），其大仁大勇，我这支拙笔，实在不能形容其万一。他飞行遇险三次之多。1938 年与我同险是其中一次，这次以前一次，飞机迫降沙滩，飞机翻覆，前座高冠才同学大腿骨折断，万先生幸未受伤。和我同险之后一次最险，他由大火中逃出，烧得脸上黑一块、紫一块，伤痕累累。他仍不灰心，伤愈后继续飞行作战。其大无畏精神，实在令人敬佩。孟子曰："富贵不能淫，贫贱不能移，威武不能屈，此之谓大丈夫。"我也不揣拙笔，为万先生赞曰："火焚而不惧，宁死不弃友，天下有大仁大义大勇者，其在斯人乎！"不幸他在八年前，因病驾归道山，令人怀念不已，永志不忘。

在十余年前，我在家谱上写一小传有言："九死一生，是表示非常危险，而我之不死，是万死一生，且尤过之，容详述之。"无奈岁月蹉跎，病魔缠身，精神萎靡，无心写作，故未成文。12 年前又患白内障眼疾，开刀割治后，一直视力不佳，更是不便写作。去年 4 月自美国返里

（山东省临朐县朱位村）省亲祭祖，离别了 50 余年的亲友、弟、妹、侄男、女等，相见欢腾，竞相宴请。他们看了我的小传，非常惊奇，一致要我把空战遇险的经过写出来以解疑闷。我不便拒绝，当即允诺。时间过得很快，转眼又是一年，今日才来动笔。所谓病呀、视力不佳呀，固为最大原因，而文笔拙劣，也是一个原因。

他穿越"死亡航线"500 次

———

韩明阳

北京东四西大街 155 号，中国民航办公大楼，北京航空咨询服务所的办公室就设在这座大楼的 1115 号房间。在房间里办公的是一位略显清瘦的老人，他，就是在抗日战争期间，参加开辟驼峰航线，并驾机飞越驼峰 500 余次的中国飞行员潘国定。

一

潘国定原籍广东新会，1915 年 5 月 28 日出生在香港永和街 15 号（先施公司附近），父亲在香港做生意，商号"十字顿"，是陈皮梅果子厂的创始人。潘国定有兄弟姐妹 10 人，现仍有 5 人健在，分布在中国内地、美国、加拿大和中国香港。他 1935 年到美国求学，先后在华盛顿大学、寇蒂斯礼特航空工程学院和圣·玛丽亚飞行学校学习。那时，他半工半读，在饭馆里当过服务员，帮别人洗过衣服，挣到的钱用于学习航空工程和飞行技术。1940 年毕业回国，先后在中国航空公司、中央航空公司当领航员、飞行员。1942年2月至1945年9月执行驼峰空运任务。

1949年11月9日在"两航起义"的机群中，潘国定驾驶着"空中行宫"号客机，在凌晨6时20分首先冲破笼罩在香港机场上的朝雾，载着中国航空公司总经理刘敬宜和中央航空公司总经理陈卓林，经过近六小时空中飞行，于12时到达新中国首都北京（其余11架飞机降落在天津），胜利完成起义任务。中华人民共和国成立后，民航归军委领导，军委民航总局的第一条正式民航班机航线在1950年"八一"建军节通航了，潘国定驾驶"北京XT-610号"（"空中行宫"起义后的新名，"北京"两个大字是毛主席书写的）首航了京广航线。不久，潘国定又带领三架C-46运输机参加空军运输大队，执行支援解放军进军西藏的空投物资工作，因任务完成出色被评为一等功。1956年5月29日，潘国定驾"北京号"飞越"世界屋脊"，突破"空中禁区"，开辟了成都—玉树—拉萨航线。10月21日，又飞越喜马拉雅山，开辟了由拉萨到印度巴格多格拉的国际航线。1958年9月间，潘国定亲自试飞他自己参加设计、由北京航空学院师生经过三个月苦战制造的"北京一号"飞机，成功地完成了往返京沪的飞行任务。他还参加过1953年航空勘查全国森林的飞行任务。潘国定不仅亲自带领机组开辟国际、国内航线，而且还培训了不少飞行人员。

1949年两航起义之后，潘国定先后担任过军委民航局总飞机师，空军运输师飞行中队长，民航第二飞行航校训练处长、副教育长，民航总局二局飞行检查主任等要职。现为全国政协委员，北京航空联谊会名誉会长，北京航空咨询服务所董事长。尽管他已是80岁高龄的耄耋老翁，但仍坚持每天按时上下班，为祖国的航空事业继续发挥着余热。

潘国定经历丰富，参与过中国航空史上的许多重大事件，其中最使他难忘而又最鲜为人知的就是抗日战争期间历时三年零五个月的驼峰飞行。

二

驼峰航线是抗日战争后期，中美两国共同开辟的飞越喜马拉雅山脉，联结中印两国的空中运输航线，它是当时中国与外界联系、取得国际援助的唯一一条国际通道。

抗日战争爆发前，中国的国际运输主要依靠海运，主要有港、粤等港口。抗日战争爆发后，又开辟了"滇越""滇缅""中苏"等国际通道。1938年10月，广州、武汉先后沦陷，由香港经粤汉线运进物资的重要国际路线首先中断。1940年9月，法国维希政府接受了日军最后通牒，让日军占领了越南河内、海防，从昆明经滇越铁路通往越南海防的国际通道也因此中断。1941年6月德国进攻苏联，开始了苏德战争，苏联自顾不暇，从新疆通往苏联的国际路线名存实亡。1941年12月，日军进攻缅甸，1942年4月缅甸全境陷落，滇缅公路中断，至此中国对国外的国际通道已全部被日军切断。中国的抗战，在物资上一时处于国际无法援助的极端困难境地。1942年初，在缅甸失陷之前，美国陆军航空兵司令阿诺德将军建议开辟中、印空中航线，运输战略物资，被罗斯福总统批准。并于1942年2月将开辟驼峰航线的决定，正式通知中国政府首脑蒋介石委员长，美国承诺将该航线维持到抗日战争结束。

中、美两国空中健儿于1941年12月开始试航，飞越喜马拉雅山脉天险，开辟了举世闻名的驼峰航线。1942年5月，驼峰航线正式开通，从此开始了历时三年零五个月的驼峰空运。驼峰空运为美国战略航空兵从中国的基地出发对日本进行战略轰炸提供了后勤保障，轰炸机所用的油料和炸弹都是靠空运补给的。驼峰空运也在物质上和精神上支援了中国军民的抗日信心。

参加驼峰空运的主要是美国陆军航空兵。1942 年 5 月至 11 月，为第十航空队负责；1942 年 12 月起，成立美国空运总部印中联队（后改为师），负责驼峰空运，直到 1945 年 9 月日本签字无条件投降。中国交通部所属的中国航空公司原属中美合作企业，由美国按租借法案提供飞机，接受包租任务，那时潘国定在中航当飞行员，也参加了驼峰空运。

驼峰航线上飞行的机种开始是 C - 53（DC - 2，载重 3 吨）、C - 47（DC - 3，载重 3 吨），其后主要是 C - 46（载重 7 吨）的双发运输机，印中联队在后期也使用了载重 17 吨的 C - 54 四发运输机。驼峰航线自 1941 年 12 月起试航，1942 年 5 月正式开通后，运输量逐渐上升，由 1942 年 6 月的 29.6 吨陆续提高到每月千吨（1942 年 12 月）、万吨（1943 年 12 月）、2 万吨（1944 年 8 月）、3.5 万吨（1944 年 11 月）。通过驼峰空运的物资：美军为 65 万吨，中航为 7.5 万吨，人员 33477 人，驼峰飞行时间总共达 150 万小时。

驼峰飞行的困难是很大的。因为：

1. 活塞式飞机飞行高度受限制。康藏高原海拔高度在 4000 多米，最高山峰在 8800 多米，而 C - 47、C - 46 运输机要飞 6000 米和 7000 米的高度，都已是该机性能的极限高度了。飞机又没有密封座舱，飞行员只能戴氧气面罩，体力消耗很大。

2. 航线气象条件恶劣。每年雨季长达五个月，在雨季里，大部分飞行高度上都有连续性小雨，飞行员被迫作全航程仪表飞行；在旱季里，气流很不稳定，有雷暴和强烈的升降气流，有时迫使飞机急剧下降每分钟达 600—700 米，极易失去控制；高空有强劲的西风，时速高达 150 公里，有时甚至到 250 公里。如遇侧风，飞机会剧烈偏航，修正角最大要 25 度。美军认为这是他们在第二次世界大战中遇到的气象条件最恶劣的飞行地区。

3. 地形复杂。航线所经地区全是崇山峻岭，绝壑深谷，地面导航设备和备降场地很少，而且想寻找一块迫降地几乎是不可能的。跳伞下去，因人烟稀少，生还的可能性也很小。

4. 敌机拦截。在盟军未攻克密支那和曼得勒以前，常有日本歼击机中途截击，毫无自卫能力的运输机很难摆脱。1944年11月25日，因日机空袭，驼峰航线上导航台全部停机，当时空中有美国援华飞机12架，"中航"运输机1架，全部"失踪"，机上人员无一生还。

在三年零五个月的驼峰空运中，飞行事故十分惊人。美军印中联队在1943年底时，有142架飞机参加定期飞行，到1945年时，发展到629架，其中包括132架C-54运输机，共损失飞机468架，占其全部飞机50%以上。中航先后参加驼峰空运的飞机共90架，损失飞机46架，也占其全部飞机50%以上。中美双方共牺牲飞行人员1500人左右。

第二次世界大战中，盟军对德作战的战略轰炸机，战斗中的消损是最大的。但是，美军方认为：驼峰飞行的危险性超过欧洲战场盟军对德的战略轰炸。因此，驼峰航线又被称为"死亡航线"。

当时年仅27岁的潘国定参加了开辟驼峰航线的试航，并且在长达3年多的驼峰空运期间驾机穿越"死亡航线"500余次，是完成架次最多、运输物资数量最大的飞行员之一。每次飞行都很危险，必须掌握娴熟的驾驶技术并做好随机应变的充分准备，才能化险为夷。经常遇到的危险情况是发动机故障。当时，潘国定先后驾驶C-47、C-46等型运输机，执行任务的飞行高度在6000米左右，已是这些机型的极限高度了。发动机坏一台，就得降低飞行高度，机翼下的高山峻岭就像张开的虎口，露出利齿、伸出舌头，随时都要吞掉飞机。每遇这种情况，潘国定就寻找山峰间的低凹处，小心翼翼地作"S"飞行，以保证安全完成任务。最危险的情况是遇到强烈的升降气流，它有时使飞机突然下降几百米，人的屁股离开了座椅，脑袋顶在机舱顶上；有时又使飞机忽而向下，忽而向上，人也忽而头顶舱顶，忽而摔跌在座椅内，能把人摔死、摔伤。潘国定在往返中印之间的 500 多次飞行中，多次遇险，但他都能凭借娴熟的驾驶技术，沉着镇定，一次次地排除险情，圆满完成飞行任务。

三

驼峰空运是第二次世界大战中规模最大、持续时间最长的战略空运，影响很大。1946 年，曾飞越驼峰航线的美国飞行员和地勤人员成立了"驼峰飞行员协会"，会员有 5000 多人。1948 年 8 月，在美国俄亥俄州德顿市立碑纪念，并把中国对外友协赠送的保山岩石作为"驼峰"崇山峻岭的象征。

美国驼峰协会是美国较有声望的全国性航空界民间团体，受到美国空军、国务院直到历届总统的重视和支持，其成员不少是有影响的高级将领。近年来，来华访问的美国客人中有不少人是这个协会的成员，他们倡议在他们所有成员都驻扎过的驼峰空运重要基地——昆明，也相应地建立一项纪念物。为了促进国际友好往来、加强中美人民之间的友谊，在北京航联会的倡议并参与下，决定在昆明修建"驼峰飞行纪念碑"，此举在国际、国内都产生了巨大的反响。

1991 年 5 月 22 日在昆明玉案山郊野公园，"驼峰飞行纪念碑"奠基。中美两国在驼峰航线上飞行过的飞行员相聚在一起时，心情都很激动。美国飞行员说："46 年了，我们又回到驼峰航线的起讫点。"这些曾为支援中国抗日，在驼峰航线洒下血汗的美国老飞行员，已白发苍苍，但旧事却依然历历在目。他们用英、汉两种不同语言一齐高唱《友谊天长地久》:"老朋友怎能忘记过去的好时光……"

当年在驼峰航线上飞了 100 多次的美国飞行员汉弥尔顿先生,双腿已瘫痪多年,这次他在妻子的陪同下,坐着轮椅重游旧地,并在四五位中国小伙子的帮助下,来到玉案山驼峰航线奠基石旁,亲手铲了一锹泥土,洒在基石上。他眼里噙着泪花说:"我多年的夙愿实现了!在这里我找到了青春的足迹,重温当年战斗的情谊。"

在北京航联会的帮助下,他们又乘坐一架波音 – 737 飞机沿驼峰航线飞到中缅边境,又沿另一驼峰航线返回昆明。汉弥尔顿坐着轮椅参加了这次飞行。老天帮忙,这天天气特别晴朗,高山碧水清晰可见,汉弥尔顿高兴地说:"当年我飞越驼峰往返中、印之间 102 次,从没有看清过这些高山,这次却看到了驼峰真面目。"

1945 年荣获美国总统杜鲁门颁发的"自由勋章"的云南呈贡航空站站长惠群先生激动地说:"驼峰航线长达 1000 多公里,那时每天有 50 多架飞机从印度飞到昆明等地降落。当年我在呈贡航空站工作,协同、保障美国轰炸部队和驼峰运输部队完成各种飞行任务。今天能再见到昔日的老战友,我非常高兴!"

在奠基仪式上,美国飞行员帕克斯和中国飞行员江秀辉的两双手紧紧地握在一起。40 多年前,他们都是飞歼击机的飞行员,曾共同参加过对日空战。帕克斯一再称赞江秀辉当年击落两架日本飞机的战绩,并将一枚纪念章送给他。

参加过驼峰飞行的美国老飞行员琼斯先生,1966 年从美国空军退役后,在波音公司担任飞行教练。近年,他先后五次为北京、四川、昆明、广州等地培训了近 40 名波音飞机的中国驾驶员,这次他乘坐的重飞驼峰航线的运输机飞行员,就是他亲自培训的。他表示:"在战争年代或和平时期,都能为中国人民做点事,我感到高兴!"

1993 年 5 月 11 日,"驼峰飞行纪念碑"的落成典礼在昆明市玉案山郊野公园隆重举行,全国政协副主席孙孚凌专程由北京赶往昆明参加典礼。云南省的领导以及中国、美国和新加坡驼峰飞行员代表团,美国驻华的使节和新闻代表等共 400 余人参加了落成盛典。参加过驼峰飞行的四名美国飞行员和五名中国飞行员,在落成典礼上发表了热情洋溢的讲话,他们都共同回忆起 50 年前的战斗情景,称颂中美人员之间的合作与友谊。一位被日本飞机击落又被中国人民救活的美国飞行员还带来一张珍贵的美国驼峰飞行员合影,赠给昆明航联会,表达他们对昔日峥嵘岁月的怀念。潘国定作为"中国驼峰飞行员代表团"团长参加了这次盛典,他十分珍惜与美国飞行员共同战斗的艰难岁月,也十分珍视中美两国人民在反法西斯战争中结成的战斗友谊,并且希望这种友谊能在今天不断地发扬光大。

领航轰炸员何健生

———

韩明阳

何健生，这是一位传奇式的人物。在抗日战争时期，他是国民党空军第八大队领航轰炸员，参加空战几十次，屡立战功。抗战胜利前夕，又成功地组织了扬州起义，将汪精卫的专机送往延安，将几十名航空技术人员带到新四军。起义后他为新中国的空军建设事业作出了贡献。何健生同志现已离休。

一展钢翅雪国恨

何健生，1910 年 11 月 8 日出生在广东省连平县蕃豆二街 4 号。高小毕业后，考入广东师范。1930 年进入广东空军掩护大队任战士、班长、代理排长。1931 年冬，被选送去广东航校第一期领航班学习。1933 年毕业，分配在广东空军第四大队当准尉见习员。1936 年广东空军合并于国民党中央空军，又分配在中央空军第九大队二十七队攻击机"雪莱克"（SHYOK）部队当准尉爆击士。不久部队被调往西安，正赶上张学良、杨虎城两将军发动了震撼中外的"西安事变"。经过共产党的调解，西安事变得以和平解决，而恼羞成怒的蒋介石，除在暗中整治张、杨二将军外，又迁怒部下，硬说部下对他"不忠不义"，不少飞行员被停止了飞行。何健生也被以"叛逆"者的罪名调到杭州飞机制造厂进行劳动教养，企图通过重体力劳动使飞行官兵变成他们的驯服工具。

1937年7月7日，日本侵略者发动卢沟桥事变，激起了中国人民的无比愤慨。何健生作为一个有血性的中国军人，更是心如火燎。他吃不好，睡不着，恨不得一下飞到前线去和日本侵略者拼个你死我活。1937年7月10日，被劳动教养的飞行人员集中去武汉。到武汉后，何健生被编在空军第八大队十九队当领航轰炸员。报国的机会到了，复仇的机会到了！他内心无比激动，满腔热血在沸腾，下定决心誓与祖国共存亡，为国雪耻，为民报仇。

1937年8月13日，侵华日军进攻上海，还组织了驻台湾岛的日本王牌轰炸机部队——木更津联队从新竹机场起飞，于8月14日下午，对淞沪地区的城市、村庄狂轰滥炸。中国空军的飞行健儿，起飞应战，首战告捷，以6:0的战果击败了不可一世的木更津轰炸机队，在中国人民反击外国侵略者的斗争史上，写下了辉煌的一页。

1937年8月20日下午4时，上级命令我空军第八大队十九队轰炸上海江湾日本侵略军司令部，以配合我步兵进击。领队的长机驾驶员是归国华侨高普伦大队长，何健生是长机组的领航轰炸员，领航三架德制"亨克"（Hen KOL）重轰炸机沿长江向东奔袭。下午5时30分，飞机进入轰炸江湾日本侵略军司令部航路，高度从1500米下降到1000米左右，这时敌人的高射炮弹在机群的上下、左右、前后爆炸，冒出朵朵白烟。高普伦、何健生等人置个人安危于不顾，冒着敌人的炮火，沉着地驾驶着飞机向前猛冲。三架飞机依次进入，连续轰炸。何健生将轰炸瞄准具的"十"字环套在敌军司令部的楼顶上，一枚接一枚的炸弹在敌司令部大楼上开了花，燃起熊熊大火，给敌人以毁灭性打击。当晚报载："日军江湾司令部夷为平地。"

8月22日上午7时，何健生又领航机群轰炸吴淞口敌军占领的码头和阵地，当机群进入轰炸航路，何健生全神贯注盯着目标时，突然发现左前方1000米外冒出三架敌方舰载96式驱逐机，寻隙向我机群进攻。我轰炸机队缩小了编队的间隔、距离，构成严密的火网，使得敌机无法接近。与此同时，我机瞄准目标，连续投弹，颗颗炸弹落在敌人的阵地上，给侵略者以沉重打击。当机群返回基地着陆时，我快报《号外》已发出消息说："我空军大举出动，频施威力，吴淞口和虹口致受重创。"

8月23日下午7时，何健生再次领航机群出动，轰炸停泊在吴淞口内的敌舰。当瞄准具的"十"字环套在敌舰的旗杆时，竟发现日本军舰上的"膏药"旗不见了，悬挂着中国国旗，妄图在众多的船舰中鱼目混珠，逃脱被消灭的命运，但敌舰的外形是改变不了的，他们的阴谋诡计没有得逞，颗颗炸弹命中敌舰，使其沉入海底。当时的《号外》这样报道："我空军夜袭杨树浦敌军阵地和吴淞口敌舰，敌军仓皇乱发60余炮，我空军从容轰炸，敌舰开首脑会议，竟悬挂青天白日旗，惧我机怯懦至此，打破了'皇军不可战胜'的神话。"日军司令部挂出了中国国旗，成了战争史上的笑料，也是侵略者胆虚的征兆。

从20日到25日，何健生亲自领航轰炸机群多次起飞，对日军的阵地、码头、军舰和指挥所进行袭击，取得了重大战绩。空战的胜利给抗日军民极大鼓舞，上海、南京等地的各界群众到处欢呼庆祝。8月15日，当时任中国航空委员会秘书长的宋美龄女士偕《励志社》主任黄仁霖携带慰劳物品，亲到句容机场慰劳祝捷，以流利的英语与归侨飞行员陈瑞钿、黄泮扬、黄新瑞、苏英祥、雷炎均等交谈，鼓励他们回国抗战的正义之举。8 月 20 日，当时任财政部长的孔祥熙和夫人宋霭龄同空军将领黄光锐一起到南京大校场欢迎凯旋而归的轰炸勇士，赠送给机组每个成员一件皮夹克，内书"捍卫祖国、抗战到底"八个金字，以示纪念。我军的胜利连日本侵略者的宣传机器也不得不承认，但他们又胡说这不是中国的飞行员干的，是英、美飞行员参战取得的成果。为此，"路透社"记者亲自到南京、句容等机场进行采访。高普伦、薛炳坤、张森、刘焕、陈瑞钿等华侨飞行员和记者用英语答问，记者亲眼见到参战的飞行员都是中国人，没有一个外国飞行员。因而"路透社"报道说："淞沪抗战完全是中国空军英勇作战取得的胜利。"

1937 年至 1942 年，何健生执行了 26 次轰炸日本侵略军的作战任务，取得了重大的战绩，也付出了巨大的代价。1940 年秋，在轰炸山西运城敌占机场返航途中，在风陵渡上空同日本战斗机遭遇。激战中，他的背部中弹负伤，鲜血湿透了降落伞的背带，仍操纵"斯卡斯"机枪对敌机猛烈射击。后领航机群飞行 200 多公里，顺利返回基地。当飞机降落之后，何因失血过多而昏迷在座舱中。

何健生曾先后六次在空战中被日军的战斗机或高射炮击中而被迫跳伞。勇敢、机灵而富有经验的何健生，前五次跳伞着陆后都摆脱了敌人的追捕，返回基地。但在第六次升空作战时，被敌高射炮击中后被迫跳伞，成了日军的俘虏。他多次向我叙述这段"走麦城"的作战经过：1942 年 1 月 24 日，空军第八大队 18 架 СБ－3 型轰炸机在大队长邵瑞麟率领下，从云南沾益机场起飞，在美国陈纳德将军领导的志愿航空队九架 Ｐ－40 战斗机掩护下，去轰炸被日军占领的嘉林机场。天空中布着一层薄薄的白云，飞机在云上飞行，还能透过云层看到地面上的明显目标。进入轰炸航路后，远距离看不清目标时，他们就用计时轰炸法，进行概略瞄准；近距离肉眼能见目标，就用光学瞄准修正，取得了极为理想的轰炸效果。在转弯返航时，何健生将"ОПБ"精密瞄准具转向180°，用45°角看自己的瞄准点，只见停机坪上一片火海，停放在停机坪上的十余架日本轰炸机燃起熊熊大火。何健生感到无比的高兴。但这时，我机群碰上了敌高射炮的火力网。领队长机、大队长邵瑞麟机组被击中后，凌空爆炸，以身殉国。何健生机组驾驶的"1763"号飞机也中弹负伤，左发动机停车，只能用右发动机坚持单发飞行。50分钟后飞到马关，右发动机也停了车，何健生被迫跳伞，被日军俘虏。至此，这个在抗日战场上飞遍了大江南北、长城内外的空中勇士，失去了自由，成了日军俘虏营中的"囚犯"。

动乱中冒险找党

1942年8月20日，何健生结束了数月的囚犯旅途生活，被日本宪兵转而移交给南京汪精卫伪政府，又成了汪伪监牢中的"囚徒"。碰巧，何健生原在广东航校的飞行教官曾星凯，在汪伪政府航空署当少将处长，又加上汪伪空军技术人才奇缺，就出面将何健生保释出来，留在汪伪空军教导总队当飞行教官。出狱后又能到哪里去寻栖身之处呢？这时何健生的一位广东航校的老同学汤厚琏，也在汪伪空军当飞行教官，住在南京市碑亭巷一个大杂院中，便请何健生住在他的家中，并安慰他"既来之，则安之"。在国土沦亡，人民受难的时候，他竟穿上了伪军服，成了人民唾弃的"汉奸"。身陷囹圄，委屈苦闷，怎么能安下心呢！

人们常把"他乡遇故知"作为人生四喜之一，何健生正在苦闷的时日，遇上了广东省珠海县官塘人氏梁玉珍女士，一个左脸上有块伤疤的姑娘。她毕业于上海复旦大学，1938年参加新四军，1941年1月在"皖南事变"中因负重伤而被俘。由于她二哥梁文华也在汪伪空军当飞行教官，和汤厚琏同住在碑亭巷，将梁玉珍保释出来后也住在碑亭巷，与何健生经常见面。一天，何健生独自一人在低声哼《义勇军进行曲》：
"起来，不愿做奴隶的人们……"梁玉珍流着眼泪，低沉而庄严地哼起
《国际歌》："起来，饥寒交迫的奴隶……"何健生从来没有听过这首歌
曲，"饥寒交迫的奴隶"不正是中国人民的写照吗？中国人民不正是在
饥寒交迫之中吗？他断定这位女士是个好人，是为穷人说话的，因而对
她十分敬佩；梁玉珍通过对何健生的观察、了解，感觉到他有一颗爱国
之心，便也主动和他交谈，讲解革命的道理。就这样，他们在逆境中成
了知心朋友。在梁玉珍的帮助下，何健生认识到只有跟着共产党走，才
能拯救中国。因此，他萌发出投奔八路军、新四军的决心。

汤厚琏、梁文华等先后离开汪伪空军投奔国民党空军，他们也曾动
员何健生同往。但是，人各有志，何健生有自己的选择。

1944 年 8 月的一天，飞行教官周致和提着两个鳙鱼头来到上校教务
主任何健生家。何知道他是两个月前在沙市机场迫降的原国民党空军第
五大队的飞行员，曾驾驶 P－40 战斗机攻击过日军的火车和汽艇。周致
和与何健生的交往并不深，但周致和知道何健生是抗日战场上的英雄好
汉，因此慕名而来。一进门碰见何健生的夫人邱淑仪，便指着手里提的
两个鳙鱼头说："你知道吗？这是鳙鱼，鳙鱼是什么意思？"他停了停笑
着说："鳙鱼的头很大，说明它的头脑发达，这是英雄识英雄嘛！"何健
生闻声出来，苦笑着说："这是什么地方，英雄能这样吗？英雄无用武
之地了。"他们进屋之后，周致和将满腹的牢骚像喷泉一样喷射出来，
不愿吃这碗汉奸饭。在喝了几杯白酒之后，酒后"胡言"，周对何健生
说："咱们还是走吧，去找共产党。"他们都是在汪伪部队中被特务严格
控制的人，想法不谋而合。可是到哪里去找呢？两人商量，共产党是在
上海诞生的，决定到上海去找共产党。

1945 年春节后，他们俩到了上海。上海是白色恐怖十分厉害的地

方，稍不小心就有杀头的危险，但是他们没有因此而动摇。到上海后，走了许多大街小巷，找到了苏联驻上海的《时代》杂志社，他们认为苏联就是共产党，在这里就一定能找到共产党，便不管三七二十一，一头闯了进去，见里面有个金发姑娘，便问："喂！你是共产党吗？"突如其来的问话，吓得姑娘直摇头。

"不要怕，我们是没有办法，要找共产党啊。"何健生补充说。

姑娘定了定神，一边摇头，一边回答："不，不，不！我们不是共产党，请你们快出去。"

何健生、周致和碰壁之后，方知他们行动的幼稚可笑，便进一步开动脑筋，继续明察暗访，发现飞行教官吉翔最近被新四军俘虏，刚释放回来。这个人曾是何健生的部下，他们认为，他接触过新四军，对共产党可能了解，想通过他去找共产党。一天，何健生到吉翔家，吉翔的夫人和两个孩子都在家，有话不便明说，便找了个话题："吉翔，我想和你合作一笔生意，我们到外边走走吧。"在僻静的小道上，何健生同吉翔边走边谈："你我是患难之交，总得为自己留条后路，你把对新四军的见闻告诉我，好吗？"何健生悄悄说。

"共产党很讲信用，说到做到，我被俘后想：完了！当汉奸有十个脑袋也保不住。但他们没有虐待我，我要求回来，他们答应了，我却不敢相信。我担心他们说放我是假，半路上杀掉我是真。可我现在不是还活着吗？我亲眼看到解放区人民踊跃参加新四军的场面，父母叫儿打东洋，妻子送郎上战场。老百姓是真心实意拥护共产党的。"吉翔谈被俘后的感受。

"得民心者得天下，日本人眼看快完蛋了，总得给自己找条后路，我想请你去找新四军联系，怎么样？"

"可以！"吉翔是山东人，回答得干净利落。

何健生知道吉翔经济条件困难，便给他200块大洋做路费，化装成小商人到了皖北。谁知找了两个多月，还是没有消息，何健生、周致和很焦急。

正在何、周为找不到共产党而焦急之际，因顶撞领导被开除军籍的少尉飞行员黄哲夫找到周致和，密谋要投奔共产党。周致和又动员黄哲夫去找共产党……

组织扬州起义

抗战胜利前夕，日伪统治下的南京城一片混乱，日本人已是惊弓之鸟，瓮中之鳖，伪军处在树倒猢狲散的境地。蒋、汪暗中勾结，不少汪伪要员一夜之间就变成了国民党的接收大员。何健生、周致和在苦苦地思索着：对现实，他们不甘心穿这身汉奸皮；去国民党，他们都在国民党空军干过，黑暗腐败；投奔共产党，找了大半年没有结果，冒险飞过去又担心被高射炮打掉……

"嘭，嘭，嘭！"何健生的房门被急促地敲打着。开门一看是周致和从南京赶到上海，见面说的第一句话："找到了，已经找到了。"这句无头无脑的话把何健生说糊涂了，忙问："找到了什么？"这时周致和才告诉他，两个月前派黄哲夫到苏北，终于找到了新四军，并得到"待机而动、配合反攻"的指示。这是要他们组织起义的行动命令。为了实现这个目标，何健生、周致和、白景丰、吉翔、黄哲夫①、梁玉珍等人在南京珠江饭店二楼一间小屋里研究了起义的具体组织工作，确定分空中、地面两路走。为避人耳目，空中一路由扬州机场起飞，直飞延安；地面

---

① 周致和、赵乃强、黄哲夫、管序东、沈树槐、黄文星、白景丰分别改名为：蔡云翔、张华、于飞、颜青、田杰、陈明球、白起。

一路，由扬州北上到苏北根据地，投奔新四军。分工：何健生利用航空教导总队教务主任的合法身份到扬州准备起飞的机场；黄哲夫负责通报情况；周致和设法弄到能飞到延安的大飞机。当时在南京，只有九九式双发运输机装载油多，续航时间长，能够完成这个使命，但只有三架，分别叫"建国号""和平号""淮海号"，都是汪精卫的专机，而且有日本兵站岗，手续严格，无法接近。正在周致和为找到大飞机而伤透脑筋的时候，接到驾驶运输机输送汪伪陆军部长兼湖北省主席叶蓬去武汉就任国民党第七路先遣军总司令的飞行任务，使用的飞机正是"建国号"。机会终于来了。1945 年 8 月 16 日，周致和利用航空署中校教务处主任的名义，写信给少尉飞行员赵乃强，将他从扬州调来南京，18 日由赵乃强和一名地勤人员去明故宫机场联系加油。他们进了一个宽阔的办公室，里面有十几张桌子和十几个值班的日本人，每个人的桌子上都摆着一块表明办理业务的牌子。赵乃强从地勤兵手中拿过已经打印好的加油卡片，径直走到标明办理加油的桌子前面，那日本人傲气地质问："干什么？"赵乃强递上卡片，用日语流利地对答："有重要任务，送人，要加油！"日本人用怀疑的目光扫视了赵乃强全身，却不同意给加油。加不上油就谈不上"飞走"，油加少了也很难飞到武汉再返回扬州。这时，赵乃强挺着胸脯大声说："要送重要人物，一定要加油！"那个日本人看赵乃强穿的是军装，日本话讲得很流利，而且口气很大，就进里屋打电话请示上司，回来后在加油卡上签了字。

赵乃强将加油卡交给地勤兵，严肃地向他交代："这次送重要人物，要多加油、快加油，不得出半点差错。"

回到中央旅社，赵乃强向周致和详细汇报了加油的经过。周致和笑着说："我请你来当助手，除了其他条件外，日本话说得好是重要一条，这和日本人打交道方便。"停一会儿又说："你先休息吧，明天不要出去，我们要去送人。"

19日早饭后，周致和、赵乃强一起到明故宫机场，大约10点钟左右，来了十几个穿便衣的人，他们携带了许多沉重的皮箱、旅行袋上了飞机。周、赵分别担当正、副驾驶；从明故宫机场起飞。由于天气炎热、飞机超重，直到机场边才勉强拉起，擦着光华门边的城墙头飞过，看样子，最多也不过5米，大家都捏了一把汗。到了武昌郊区一个草坪机场着陆后，机上的人都下去了，为了尽快飞到扬州，飞机没有停，直接滑向起飞线，飞到了扬州机场。

何健生见飞机已经弄到手，起义条件已经成熟，立即派黄哲夫将此情况报告江北，黄哲夫连夜将"日内有飞机来延安，万勿误作敌机"的电文送到江北城工部。

何健生告诉周致和："白景丰、吉翔尚在南京，马上来不了扬州。现在形势紧张，此处不能久留，你们空中先走，我和白景丰、吉翔等从陆路立即跟上。"

19日晚，何健生和周致和两人把头发擦得很亮，衣服烫得笔挺，风度翩翩来到扬州城最热闹的扬州旅社露天音乐茶座看热闹，以避耳目。谁知扬州基地上校大队长彭鹏也在看戏，寸步不离何、周二人，歌女唱了一曲又一曲，时间一分一分地消失，他俩心急如焚，还得装做若无其事的样子应酬彭鹏，但内心也在怀疑："这家伙是否觉察到什么了？"周致和借故离座去找何健生的妻子邱淑仪悄悄说："你马上约几位太太和老彭打麻将，只能输不能赢，把他拖住。"邱淑仪约了两个人找到彭鹏，彭借口身上没有带钱想推，何健生塞给他100元伪币，周致和将两根金条悄悄塞到他手中，低声说道："这点小意思，供老兄玩麻将添手气。"彭将金条放在手里掂了一掂，装进口袋，便笑嘻嘻地去跟太太们打牌去了。其手气确实很"顺"，打完了八圈已该吃第二天的早饭了。

晚上 10 点多钟，在扬州旅社 8 号房间中，何健生将窗帘拉好，门缝、钥匙孔用报纸一一塞紧，展开 1/500000 的航空地图，用红色铅笔将扬州到延安连成红线，何、周两对眼睛盯着 1100 公里长的航线，研究避开空中走廊中日军的防空设施，及遇到特殊情况又怎样处置，不知不觉已过了午夜 12 点。何健生让周致和早些休息，他回到自己的房间。

突然，一个青年军官急促促走过来说："何主任，你们飞不走了，飞机被人破坏了。"这个消息如晴天霹雳，但光着急无用，关键是想法子排除故障。于是何对来人说："你向我报告很好，现在的形势，八路军、新四军已经开始大反攻了，你就不想留条后路吗？快想办法把飞机修理好。"这个军官听后返回了机场。

何健生的内心久久不能平静。突然，"嘭，嘭，嘭！"响起一阵急促的敲门声，何健生闪在门后掏出手枪。门被推开了，来人原来是刚才报告情况的那个青年军官，他说："飞机修好了！"这句话使何健生忐忑不安的心平静了许多。青年军官返身要走，何健生想："如果他去报告日本人，就全盘完了。"于是，说："现在太晚了，路上不安全，你就在我这里睡吧。"何健生给他打了一个地铺让他睡觉。而何健生自己却枕戈待旦，彻夜未眠。

20 日早晨 6 点多钟，何健生来到 8 号房间，轻轻推醒周致和，两人一起来到扬州机场，8 时整，赵乃强、管序东等机组人员陆续到齐。上飞机时，周致和对地勤人员说："谁去上海玩，我可以带你们去。"话刚说完，有两个年轻的机械士应声要去，并问："什么时候回来？"周说："去去就回来。"于是他们也上了飞机，这两人的名字叫沈树槐、黄文星。

飞机开车滑行时，机上是五个人，周致和为正驾驶，赵乃强为副驾驶，管序东、沈树槐、黄文星在客舱里。为了对正风向，飞机向机场的对面滑去，快要滑行到起飞线，刚要掉头对正风向时，从草地上跑来一个人，老远就摆手。赵乃强一看是黄哲夫，就对周致和大声叫了一下："是黄哲夫！"周致和停下飞机，打开舱门，黄哲夫迅速跳上了飞机。飞机穿云破雾，直冲云霄，向西北方向飞去。扬州上空的乌云掩护了飞机的行动。何健生仰望着远航的战友，祝福他们一路顺风。

何健生返回扬州旅社后立即结账，迅速搬到湖北会馆。黄昏，梁玉珍从苏北根据地来到湖北会馆告诉何健生："周致和、赵乃强等六人起义成功了，'建国号'已于今日下午2时安全降落在延安。"这特大喜讯使何健生热泪盈眶，一场惊心动魄、斗智斗勇的战斗取得了胜利。

"我们怎么办？"何健生、吉翔问梁玉珍。

"城工部长要你们根据情况而定，能再搞一架飞机飞走更好，情况不允许就赶快从地面撤走。"梁玉珍转达上级的指示。

22日早饭后，邱淑仪、陈静山等从扬州北门出城，按预定计划向苏北前进。他们觉察到有些穿便衣的人跟上他们，身上好像还藏着短枪，心想："糟了！"雇几辆独轮车坐着快走吧，细看推车的人也都揣着短枪。一位农妇提着篮子跑过来向车夫说："鬼子追出城来了，伪军上、中校打头阵，人数不清，从东门出城向这边包抄过来啦！"车夫加快了脚步，大家都警惕地四处张望。大约过了半个小时，看到村口有民兵站岗，知已到了解放区，他们才放了心。突然村南边喊起来："欢迎起义，爱国一家！"啊！何健生、吉翔等人也来到了。原来他们为了出城方便，穿上军服大摇大摆出了城门，守城的伪军哨兵还给他们敬礼呢。而邱淑仪这边，推车的人是新四军派去掩护的警卫排。当梁玉珍向城工部长介绍何健生等人时，这身上校军服使他恍然大悟，忙说："啊，原来是你们，误会，误会。"几天后，白景丰一行十人也到了新四军军部驻地杨家庙，整个起义取得了完全的成功。为迷惑敌人，周致和、赵乃强、黄哲夫、管序东、沈树槐、黄文星、白景丰等到达延安后分别改名为：蔡云翔、张华、于飞、颜青、田杰、陈明球、白起。

在延安，毛主席、朱总司令接见了周致和等六人，新华社记者多次采访并准备发表消息。周致和担心何健生等地面起义人员的安全，于是将这条重要新闻压下来没有让其发表，致使半个世纪以来鲜为人知。

参加筹建东北老航校

抗日战争刚刚结束，党中央审时度势，高瞻远瞩，决定立即着手在东北建立一所航空学校，培养航空人才。中央组织部调集了我党几十年储备的懂得航空技术的干部，其中有曾经在苏联学习过的常乾坤、王弼、刘风、王连，有曾在国民党空军学习过航空技术的魏坚、吴恺、油江、张开帙，以及从中央党校、中央自然科学院、俄文学校等单位抽调的刘玉堤、吴元任、马杰三、熊焰、龙定燎等30多人前往东北。

1945年8月20日驾驶"建国号"飞机到延安的周致和等六人，也从延安出发前往东北，参加筹建航校的工作。何健生等到解放区不久，也接到赴东北参加筹建航空学校的任务。1945年的中秋节，新四军军部设宴欢送何健生，当时何健生的小女儿正在发高烧，但他感到能够亲自参加筹建自己的航校工作是件重要的大事情，不能因为这点小事而耽误起程的时间。他将孩子安置了一下之后，高高兴兴地告别了家属，开始了奔向东北根据地的长途行军。

路经山东时，组织上告诉何健生、白景丰等同志，民兵张吉俊等在海阳县缴获了一架日本飞机，请他们前去驾驶飞机飞到桃村机场。他们迅速乘车赶到现场，排除了飞机的故障，把飞机上的日本机徽洗刷掉，在机身上写上"中共"二字，在尾翼上画了"青天白日"国旗，以表示统一战线。由白景丰当正驾驶、吉翔当副驾驶、何健生领航、陈静山机务，组成一个机组，将这架瘫痪在海阳县海边沙滩上的飞机驶上了蓝天。当飞机在 100 多公里外的桃村机场降落时，成百上千的人在欢呼："咱们有飞机了！""八路军的飞机上天了！"

何健生等继续渡海北上，11 月底向东北局报到，受到东北局书记彭真的热烈欢迎。不久，即到航校的前身——东北民主联军航空总队投入了紧张的航校筹建工作。

1946 年 3 月 1 日，我军第一所航空学校——东北民主联军航空学校（即东北老航校）宣告成立。何健生被任命为训练处长。

当时，航空学校的训练条件极差，一无飞机，二无器材，有的是风雪加严寒。何健生和全校同志一起走遍了东北三省，在几十个机场中搜集日军遗留的破旧飞机，甚至连旧机场附近的山沟也寻遍了，才收集到一批废旧的飞机轮胎、仪表铝皮、胶皮垫子、汽油滑油，以及一些残缺不全的机体。这便是航校的全部家底。事实上，当时的飞行员就是从这些缺胳膊少腿的破飞机上训练出来的。

何健生还亲自编写教材，刻印蜡纸，到机场校罗盘，给飞行员上课。在生活条件极其艰苦，靠高粱米、窝窝头维持生活的情况下，他把仅有的几根金条捐献出来购买教具，以弥补教学经费的不足，成为大家赞扬的佳话。

在三年多的时间里，东北老航校训练出飞行员和其他各类航空干部 560 多人，为我国人民空军的建设和航空事业的发展培养了骨干，奠定了基础。在抗美援朝战场上，王海、刘玉堤、张积慧、李汉、王天保、高月明等战斗英雄，都是东北老航校培养出来的飞行员。

1946 年 8 月 20 日，何健生光荣地加入了中国共产党。1949 年春，他随第四野战军进关南下，5 月到达上海，任上海军管会空军接管部办公室主任兼中央航空公司首席军事代表，上海防空司令部大队长，华东空军司令部领航科长，为上海航空建设作出了贡献，在上海防空战斗中，多次击落了来犯的敌机。

1951 年，何健生调军委空军司令部情报部工作。在抗美援朝战争中为打败美国侵略者作出了贡献，荣立两次三等战功。1955 年参加解放一江山岛的战斗，又为人民立了新功。1957 年被授予三级解放勋章。

四二九武汉空战

吴淑聪口述　吴德明整理

1937 年 7 月 7 日卢沟桥事变，日本帝国主义挑起侵华战争。8 月 13 日在沪爆发全面抗战。三个多月后南京沦陷。日军气焰更加嚣张，为配合其军事上的推进，给中国军民心理上施加压力，便对我内地不断采取空袭。除重庆外，第二重镇武汉也是日军空袭目标之一。

当时的武汉，军用飞机场在汉口，仅留驻国民党空军一个中队的战斗机，不足 10 架。开始时日军空袭一般是 9～12 架飞机的小规模，轰炸目标重点是汉口飞机场，因受到地面炮火的阻击，轰炸难以奏效。虽有日军飞机被炮火击中的事，但在 4 月 29 日前未发生过空战。

4 月 27 日"大本营"（国民党内俗称最高军事指挥机构）获悉由沪宁沦陷区敌后电台发来的重要情报：日军从台湾调至南京的木梗津航空队，将在 29 日大规模轰炸武汉。"大本营"决定周密部署迎头予以痛击。木梗津航空队是在台湾受过严密训练的一支日本空军部队，最初轰炸南京的也是这支航空队。

我是黄埔军校 11 期首批通讯科毕业生，初任南京卫戍长官司令部参谋处电台台长，随卫戍司令唐生智守卫南京。1937 年 11 月底撤到武汉后任宪兵司令部武汉前进电台台长，当时卫戍总部司令是陈诚，副司令是郭忏。尽管各种军事情报从电台里收进发出，然而为了保密，电报内容全是密码，由卫戍总部参谋处密电室（机要室）负责翻译。但我们一般也能在事后从同人们的闲谈中知道我们收发电报涉及的军事行动。

据说日军选择 4 月 29 日进行大规模轰炸的原因是：这一天是日本的"天长节"，是祝福天皇长寿的节日，日军妄想以赫赫战绩向天皇祝寿，遂决定了这次大规模空袭。

4 月 27 日至 28 日夜，我们电台奉命分别发出电报。从西安、兰州、成都三处空军基地调集约两个大队和一个国际志愿中队的驱逐机和战斗机，麇集汉口机场准备歼击来犯之敌。国际志愿中队的九架飞机的飞行员定由英、美、法、俄的志愿人员组成。当时汉口机场的战斗机数量一下猛增到 60 余架。

4 月 29 日 13 时许，从彭泽、九江一带的对空监视哨向武汉卫戍总部打来紧急电话，报告有日军两个中队 18 架重型轰炸机在两个中队 18 架战斗机的护卫下，飞越上空，直扑武汉。敌机 36 架如期奔赴，完全不知道武汉方面已做好迎击的准备。

当即武汉市区上空响彻空袭警报声，调集在机场的飞机全部起飞。街道上由防空执勤人员指挥疏散马路上的行人，因防空设施少，人们只是躲进建筑物里。听到机场飞机起飞的轰响声和有飞机迎战的消息时，人们群情激昂，不顾防空执勤人员的阻拦，纷纷出来观望，呐喊助威。

我们电台设在汉口河街下段一座三层的楼房里，离机场不远。当听到机场飞机起飞的连续巨大轰响声时，我到三楼顶的平台上，用望远镜观察空战。我方 60 多架飞机升空，密密麻麻的一片，情景壮观、振奋人心。飞机盘旋爬高，直至肉眼难以看见时，仍能听到轻微的嗡嗡声。

日机窜至武汉周围约 60 里内时，我方拉响紧急警报。当日机出现在武昌市郊上空时，我方机群居高临下，纷纷俯冲下来，与日机展开了激烈的空战。飞机俯冲的刺耳怪叫声，机关枪炮的连续发射声，飞机带着浓烟坠落地面的巨大爆炸声响成一片。

时值下午 2 时左右，天高云淡，能见度极好。从望远镜里观察，我方飞机银灰色，体形小，日军飞机是土黄、草绿、墨绿相间的伪装色，体形大。由于我方机群占据有利高度，出其不意实施攻击，数量上两倍于敌机，敌轰炸机行动笨拙，所以整个战势均于我方有利。日机不断被击中，拖着滚滚的黑烟坠落地面，爆炸后冒起的火团冲天，见此情景军民欢呼跳跃。

空战过程中，我方有一架飞机在击落一架敌机后被两架日军飞机夹击，机身中弹起火，它急速掉头，反向两架敌机猛冲过去，由于那两架敌机相距较近，三架飞机在空中相撞，爆炸后全都坠落。我方的飞机落在长江中的沙滩上，飞行员英勇献躯。

还有两架国际志愿中队的飞机被日机击中起火，飞行员跳伞，降落在武昌火车站附近，后来知道两名飞行员一个是法国人，一个是俄国人。

日机没有进入市区上空，大部分被击落在郊外，飞行员却没有跳伞的。事后我在一架栽进水塘里的日军飞机上找到答案，原来日军飞机上没有配备降落伞。飞行员身体都绑在座位上，他们都在飞机坠毁时死亡，没有一个被俘，可见日军武士道精神毒害之深。

整个空战只有三架敌机逃脱，但因涉战过久，油料耗尽，逃至九江与彭泽上空时自行坠落。至此敌机 36 架全部毁灭，我方共计损失五架飞机，可谓战果辉煌。

空战后，在汉口总商会召开的追悼会上，我知道了那位击落一架敌机、撞毁两架敌机，以身殉国的飞行员叫陈怀民，年仅 22 岁。他的妹妹陈难在追悼会上叙述哥哥一心报国的事迹时，到会人员泪水盈眶，无不为之感动。

据当时《武汉日报》战后报道，日军遭此挫败，气急败坏，扬言要炸平武汉，给予报复，但三个月内未见有空袭武汉的事。

归德空战三连捷

韩明阳　王德中

　　1938 年 1 月 31 日，我河南洛阳机场遭到侵华日军陆军航空兵团的大空袭，敌 20 架轰炸机和 10 架战斗机组成混合编队，在机场区内投下了大批炸弹。新鲜的是，除了炸弹之外，日机还撒下了大批传单：

　　敬爱的中国空军战斗员：
　　勇敢的中国空军战斗员。其奋斗精神，吾人深表满腔之敬意，吾人欢迎中国战斗员，来我场上空决一胜负。

日本战斗队　加藤大尉

　　内容相同的传单，也撒到了西安机场。
　　"挑战书"是侵华日军驻华北的陆军航空兵第十六联队第二大队第一中队发出的，签名者是日本王牌飞行员、飞行队长加藤建夫大尉。此人在侵华战争中有击落我机八架的作战纪录，自认为飞遍天下无敌手，狂妄至极，有典型的"武士道"精神。

1937 年 8 月 13 日，日本侵略者继 7 月 7 日在卢沟桥发动侵华战争之后，又在上海悍然挑衅点燃战火。8 月 14 日，日本海军航空队从台湾新竹机场起飞"三菱 96 式"轰炸机 18 架，对我杭州、广德机场实施轰炸，遭到我空军四大队飞行员的迎头痛击。大队长高志航率领飞行员们英勇作战，以击落敌机六架、我方毫无损伤的战果震惊中外。8 月 15 日、16 日，敌人继续轰炸南京，我空军第三大队第七、八、十七中队驻江苏句容，即参加了保卫南京和上海的大空战，取得了巨大的战绩。从 8 月 14 日到 31 日，仅仅半个月，敌机被我击落 61 架，号称"精锐"的日本海军鹿屋、木更津航空队几被全歼。

日本陆军航空兵原认为中国空军不堪一击，如今看到海军航空队接连败阵，为了挽回"皇军"的面子，决心向中国空军挑战，一决雌雄。

中国空军虽因勇敢作战取得辉煌战绩，但由于敌我军事实力相差悬殊，战斗的消损严重，我飞机的补充来源又很困难，所以，到年底飞机损失大半。狂妄的日本侵略者一再宣称："支那空军已被彻底歼灭！""强悍"的加藤大尉敢于发出挑战，就是在这种情况下，自以为中国空军对其挑战躲之不及，岂敢应战？

正义之战从来不是孤立的，中国的抗战得到了国际上不少国家在道义上、物质上的大力支援。到 1937 年年底，特别是 1938 年春、夏，苏联志愿援华航空队和飞机陆续抵达兰州。我空军各大队先后接收了苏联援助的新飞机，飞行、机务人员陆续完成新机改装训练，作战实力得到了恢复。

1938 年 2 月，苏联空军志愿队已到华三个轰炸机大队、三个战斗机大队，这样到 1938 年春，中国空军实力重新达到战争开始的水平，拥有轰炸机 88 架、战斗机 232 架，合计 320 架。

1938 年春夏之间，鲁南徐州地区战事紧张，中国空军开始频繁主动出击，配合陆军作战，支援台儿庄战役，取得不少战绩。

中国空军第三大队，在 1937 年 8 月 15 日保卫南京的大空战中，就和日本飞机较量过。在 8 月 15 日至 31 日半个月中取得卓著战绩。1938 年 1 月他们到兰州接受了新式飞机，战斗实力得到了充实，看到加藤航空队的挑战书，岂肯挂"免战牌"，立即向敌占之山东兖州机场投了应战书：

日本空军战斗员：

前日接到贵队之战书，欲与本军决一胜负，本队甚为欢迎，吾人也准备领教……

中国空军战斗队

从此，中日双方空军接连展开三次激烈的归德（商丘）空战。

首战，"3∶0" 告捷

1938 年 3 月 18 日下午 4 时，中国空军第三大队在大队长吴汝鎏中校率领下从孝感机场起飞"伊－15"式战斗机 12 架，飞抵津浦铁路北段沿线，向日军阵地投弹 60～70 枚，毙敌千余，炸毁敌坦克、装甲车 10 余辆。返航时，第七中队吕天龙队长率第一梯队在 5000 英尺，第八中队陆光球队长率第二梯队在 5500 英尺飞临沛县上空时，与敌袭击徐州返航北飞的两架轰炸机遭遇。七中队分队长欧阳森立即率队员李大经、周廷雄、周纯四机向敌机猛攻，仅 3 分钟就击落敌机一架，敌机坠毁于微山湖之东、夏镇以北的大王庙，另一架被击落坠于滕县。欧阳森等击落这两架轰炸机之后，又遇敌机一架，立即追上也将其击落。首次出击，即空战告捷，3∶0 获胜。

当我机安全返回归德机场，向驻徐州的第五战区司令长官李宗仁报捷时，李宗仁对原系广西地方空军的第七、第八中队飞行员大加赞扬：
"好得很！好得很！"

再战，加藤认输

1938年3月20日，我空军第三大队由孝感移防归德。当时鲁南徐
州会战已打到白热化程度，李宗仁一再要求空军支援。

3月25日，中国空军兵分三路：一路袭击豫北封丘敌军；一路轰炸
焦作火车站日本军需物资列车；第三路是主力第三大队，飞往鲁南临
城，轰炸敌军阵地及其以北日军大队人马。吴汝鎏大队长这天亲率
"伊－15"战斗机14架，胜利地完成了支援地面作战的任务。但返航时，
在将临机场准备解散编队之前，却遭到敌大机群伏击。

狡猾的加藤队长企图在我机航油将要耗完之时，打我个措手不及。

敌机群总领队是新川少佐，他率领着"中岛97"和"川崎95"式战
斗机18架，在归德上空已埋伏多时。川原中尉在编队的左翼，机身上还
涂着击落我机六架的标志。加藤在小编队之首，其上面是寺西队，再上层
是中平队，他们摆出一副拼命的架势，企图挽回3月18日的败局。

吴汝鎏大队长率队已临近机场。突然，敌机从我机群后侧猛冲而
下，我14架飞机在十分不利的态势下进入空战。敌我双方32架飞机像
流星一样你追我赶，斯杀冲击，拼命缠斗。数千发曳光弹丸，构成无数
交叉的火流，在空中撕裂、洞穿！敌我迅速移动的机体，在蓝天的迷雾
中好似交织游动的鱼群。

此时敌机数量和高度均占优势，对我十分不利。大队长吴汝鎏临危不
惧、镇定指挥，充分发挥我机上升性能优于敌机的特点，加满了油门，积
累了速度，以几乎是垂直的角度直插云霄，扭转了被动的局面。我年轻的
飞行员韦鼎烈紧紧咬住川原座机的尾巴，将射击的开火距离一再压近，直

到川原座机上那六颗罪恶的标志和他回头时戴的飞行眼镜都看得清清楚楚时，才屏住呼吸，咬紧牙关，扣动了扳机。复仇的子弹飞出炮口，川原的座机冒着长长的浓烟，连翻带滚地坠落在大地上，发出一声闷雷般的巨响，这个号称"加藤之宝"的川原和他的座机一起死无葬身之地。我第七中队分队长，年仅26岁的李鹰勋也击落日机一架，但在追击另一架敌机时，不幸被敌击落，光荣殉国。在该役中牺牲的还有第八中队副队长何信、分队长莫休，我机损失三架。大队长吴汝鎏、第八中队队长陆光球、队员黄名翔受伤。韦鼎烈在击落川原座机后被两架敌机围攻，他的"5860"号飞机被击中起火，他负伤跳伞后安全落地。

经过10多分钟鏖战，敌机被我击落六架，重创两架，我军取得归德空战第二次大捷。

加藤败阵回营后写道："3月25日于归德附近与支那强队遭遇，空战之烈，前所罕见。"

战后半月，从被我高炮击落的敌机飞行员尸体上搜获一个笔记本，记载着3月25日的空战："敌人战斗队横冲直撞，越战越勇，我们被迫只有各自伺机脱离战斗……归德上空的决战，我们竟然是失败者……当新川少佐用含怒的目光望着垂头不语的加藤时，加藤说：'支那航空队胆敢再来，就打它个全军覆没，加藤部队的光荣，仍将永垂青史。'晚间，加藤部队长挑灯独坐，热泪直流，他最爱倚仗的右臂——川原中尉战死了，藤山少尉和多数战友都战死了，轰动一时的加藤部队仅存过去的虚荣……敌军的战斗队员都是年轻轻的，可以说是大胆而英武的青年，和他们比起来，我们显得衰老、勉强、头脑麻木、战技陈旧。军部目前还高唱'支那征服论'，什么'圣战'啰、'膺惩'啰，马鹿，让他们自己现到支那恐怖的空中来试试看吧……连日苦战，我已疲倦得要命，由于支那空军的日渐壮大，热血青年的爱国，这个国家如何能够征服？除非我们有 1 万个加藤大尉，10 万个川原中尉……"

这些文字中所显示出来的畏战与厌战，不仅仅是一个日本航空队飞行员的心声，而是整个日军命运的哀吟。

三战，加藤"永垂青史"

1938 年 4 月 4 日，我空军飞临台儿庄敌军阵地上空，日军还以为是他们的空军来助战，纷纷举旗、掷帽欢呼，想不到竟是中国飞机送来"礼品"——炸弹与枪弹，顿时，日军血肉横飞，狼狈躲逃。我地面部队观此"东洋景"，莫不拍手欢呼。

4 月 6 日，台儿庄大捷。

4 月 8 日，中国空军出动数批飞机，飞到济南、泰安、兖州、诸城、临沂等地上空，撒下传单，敦促从台儿庄败退之敌向我军投诚或弃战归国。

4 月 10 日，我第四大队第二十二、二十三两个中队 18 架战斗机组成第一、第二梯队，第三大队副大队长林佐率领第七、第八中队九架"伊－15"战斗机组成第三梯队，前往鲁南泽县、枣庄，袭击从台儿庄溃逃之敌。返航途中经过徐州外围敌炮兵阵地上空时，第七中队队长吕天龙突然发现敌炮兵校正机一架，正为地面日军炮兵观测、校正弹着点。他立即冲向敌机，逼近日机的尾部。当到达射击的有效距离时，敌机驾驶员才发现我机已咬尾开火，他惊慌失措，猛拉驾驶杆，造成失速螺旋，摇摇摆摆地坠毁于日军的阵地上。当吕天龙追击敌机时，我第一、第二梯队的机群仍向周家口驻地前进。第三梯队按计划飞回归德。

12 时 20 分，我机群飞到归德以东的马牧集（虞城）上空时，从兖州机场起飞的 24 架敌机早已做好了空战准备，列队等候截击我机。此时我机正以 3000 英尺的高度进入机场区，准备解散着陆。此时敌机占有高度和速度的优势。林佐为摆脱被动局面率队急速爬高，上升到 5000 英尺高空，向下冲击敌人。我飞行员同仇敌忾，奋不顾身。加藤大尉带领着他的残兵败将也企图决一雌雄，挽回第二次会战的惨败局面。

双方 30 多架飞机互相冲杀，展开殊死搏斗。我三大队八中队飞行员黄莺（广西宜山人，广西航校二期飞行员）悄悄地靠近加藤的后方，紧紧地咬住了他的机尾。当接近开火距离时，加藤才发现黄莺在后，他毕竟是个高明的老手，一个急转弯又把黄莺甩在后面。黄莺哪里肯放过这个老狐狸，急忙作了一个几乎 90 度坡度的急转弯，切内径又赶了上去，继续猛追，直追到 300 米的距离才扣动扳机。三串绿色的火光一齐射向加藤的座机，敌机凌空爆炸，碎片散落在马牧集的沟壑中。这就是自诩击落我机八架的加藤建夫的最后下场。

归德第三次空战，我共击落日机七架，分别坠毁于归德、夏邑、黄县等地。四大队飞行员陈怀民在空战中撞掉日机一架，他自己的飞机尾部被撞坏，失去操纵，弃机跳伞，着陆时腿部受伤住院。4 月 29 日，他在伤势尚未痊愈的情况下，又起飞参加武汉大空战，再次勇撞日机，壮烈殉国。第三大队第七中队队长吕天龙是在日本明野飞行学校学会驾驶飞机的，这次在归德空战中，他用在日本航校学会的飞行技术，击落日机一架。他系南洋华侨，激于"航空救国"回国参战，立下战功，这次空战他的座机油箱被敌机击穿，迫降在麦田中，腿部受伤。韦鼎峙、江秀辉等人也受了伤。广西航校二期毕业的梁志航少尉（广西宾阳人）因油弹两竭，驾机勇撞日机，与敌同归于尽。

日本"驱逐大王"加藤大尉，以发出挑战书开锣，以被我英勇空军击落毙命熄鼓，他的"大名"被永远钉在日本帝国主义侵华历史的耻辱柱上而永玷青史！

越海扬威

杨蕴成

日本突袭珍珠港的翌年，1942 年 4 月 18 日，美军 16 架 B – 25 轰炸机从航空母舰"大黄蜂号"上腾空而起，呼啸西去，成功地轰炸了东京。这一作战行动以日本本土遭到第一次空袭而载入第二次世界大战史册。

其实，早在太平洋战争爆发前，中国抗战开始后不久，中国空军就发动过一次对日本本土的政治空袭。

事情发生在 1938 年 5 月，当时，日本军国主义气焰正炽，庞大的军事力量正在中国的土地上恣行无忌，长驱直入，相继占领华北、华中、华南的大片领土，并计划占领武汉、广州，以一战定乾坤，结束中国战争，拥有 2700 架飞机的日本空军也不断狂轰滥炸中国前线后方。中国空军在抗战爆发前两年刚刚组建，作战飞机仅 300 架，自淞沪抗战投入战斗，因日我双方实力悬殊，到武汉会战前夕，几乎消耗殆尽，武汉以东的制空权完全操诸敌手。就在这样的情况下，中国当局决定采取一次大胆行动，派空军跨海东征，对日本进行政治空袭。

5月19日夜，月明星稀，八名中国飞行员由大队长徐焕升、副队长佟彦博率领，分驾两架马丁式飞机次第升空，航向直指日本列岛。飞行员们皆抱以死报国的决心，各留遗嘱，誓以最大努力，完成非常使命。机上满载着"告日本国民书""告日本工人书"，揭露日本军阀的反动宣传，号召日本人民行动起来，为解除两国人民的痛苦，打倒日本军阀而斗争。飞机在溶溶月色中飞过大片被日军蹂躏的国土，在东海上空进入浓厚的云层。四下茫茫，海空莫辨，飞行员们依靠夜航飞行技术，紧紧跟进。经过几个小时飞行，月光渐自云隙闪出，星光初朗，前方的海岸线及日航灯火依稀可见。这一切说明，他们已接近日本九州岛。飞机降下高度，紧贴海面低飞，留下震耳的轰鸣声。在日舰探照灯四面乱射，日军官兵迷离莫解之际，我机已一掠而过，闪逝夜空。凌晨3时，飞行员们飞临九州重镇长崎市。街灯明晰，俯视通衢小巷历历在目，整个城市完全处于无戒备状态。飞机盘旋一周，借助街灯撒下第一批传单，一时间，长崎市如同大雪骤降，被纷纷扬扬的传单笼罩。飞机随后掉头北上，经久留米来到福冈。这时，福冈方面已经接到通知，全市灯火突灭，探照灯对空扫射。飞行员们立即投下照明弹，借助光亮再次"漫天飘雪"，而后沿九州岛西海岸飞行。就这样，他们在日本沿海各城市共计撒下数百万份传单。完成任务后，已是晨光熹微，飞行员们乘着曙色飞返祖国。趾高气扬的日本当局，完全未料到中国空军居然敢于数千里突防，远征其巢穴，一时莫知所以。中国飞机在日本本土活动这半个多小时，既无飞机升空截击，防空高炮也未发一弹，直到中国飞机已离开日本国境，日本方面才电令京沪杭一带的日军进行拦截。在这一带，中国飞机虽遭敌舰炮火射击，但毫无损伤。远征将士们兴奋激动，彼此挥巾高吭，互致祝贺，上午10时安然返回驻地。

弱小的中国空军在抗战初期，强敌气焰方张之际，不避艰险牺牲越海远征日本的传奇般的壮举，振奋了正在顽强抗战的中国人民。20日上午，消息传到当时抗战的中心武汉三镇，各界代表上千人齐集武汉机场举行盛大欢迎式迎接远征将士。参加远征的飞行员在驻地略事休息后再次驾机，11时许到达武汉机场，受到隆重热烈的欢迎。武汉各报以"越海东征告诫敌国"等醒目的标题报道了这一消息。《新华日报》发表了"空军凯旋返国，武汉三镇热烈慰劳"为题的特写。在海外，伦敦《新闻纪事》则以"胜利的炸弹"为题赞扬中国空军此举的重要政治意义。日本当局对此极感尴尬。21日，日本东京《日日新闻》报道了这一消息，陆军部表示沉默。九州各地的日本当局出动警察四处搜集传单，防止民间扩散。在中国的日本占领军干脆扣压各报有关报道，封锁消息。

当时，中国共产党对国民党将士的这一壮举也给予了高度赞扬。5月22日，周恩来、吴玉章分别代表中国共产党和八路军，赴武汉国民党航空委员会政治部，向空中勇士们赠送锦旗，中共中央的赠旗上赫然写着"德威并用，智勇双全"八个大字。

重庆之鹰

——抗日时期的空中保卫战

杨耀健

中国轰炸机飞抵日本散发传单

广阳坝是长江流域内第二大岛，距重庆城约 15 公里。1929 年，四川军阀刘湘在这里修建起西南第一座飞机场，组建空军，投入军阀混战。1933 年虽在市区建成珊瑚坝机场，只起降民航机，军用飞机仍使用广阳坝机场。

抗战爆发，川军飞机亦调往前线，广阳坝机场空空荡荡。即便如此，日军仍然前来轰炸。1938 年 2 月 18 日早上，九架日机沿长江首次奔袭重庆，在广阳坝汽船码头、机场右前方、莲池湾无线电台、陈家小学一带投弹多枚，炸伤三人，炸毁房屋三幢。

3 月 16 日上午，两架中国空军的"马丁"式轰炸机降落在广阳坝机场。飞机上走下 12 名机组人员，其中有空军第十四大队大队长徐焕升和美国机师埃尔文。

中国空军的最高指挥机关航空委员会为表明抗战决心、宣扬国威，决定派飞机前往日本本土。但不是去投炸弹，而是去散发传单，警醒日本国民。因越海航线遥远，特意从残存的四架"马丁"轰炸机中抽调出一半，担负此项任务。又因武汉离前线已近，故而将飞机移到大后方进行训练。航委会下达的命令是只许成功，不许失败。由于保密原因，机组到达重庆后，解聘了美国机师埃尔文。

徐焕升是中央航空学校第一期毕业生，曾赴德国、意大利深造，且有丰富的训练及作战经验。针对日本海岸线长、山脉多的特点，他制订了详细的训练计划。这种高级轰炸机，除徐焕升会驾驶外，其他中国机师尚不能胜任。为此，他请将笕桥航校第三期毕业生佟彦博调来重庆，一同合作。

1938年5月徐州失守，日军主力第二军、第十一军移向华中，合围武汉，形势更加危急。蒋介石自武汉亲临重庆，召集空军各单位主管举行第一次空军军事会议，改组航空委员会，自兼航委会委员长，下设委员宋子文、孔祥熙、何应钦、白崇禧、陈诚等人，并任周至柔为主任。会议决定，为警示日本，跨海行动须尽快进行。

5月19日，徐焕升和佟彦博二人各驾驶一架"马丁"轰炸机从重庆起飞，经由汉口时降落。弹舱内装载着10万份中国各界民众书写的传单。

午夜24时，"马丁"轰炸机飞到浙江宁波机场，再次降落加油。"马丁"轰炸机又起飞了，直指日本列岛。徐焕升驾机在前，佟彦博驾机在后。机舱里，机组人员解开一捆捆印刷品，作好了散发的准备。

凌晨2时许，中国轰炸机飞抵日本长崎市上空。长崎没有实行灯火管制，所有的路灯全都亮着，地面目标一清二楚。中国空军轰炸机在长崎散发传单完毕，又向北飞经久留米，到达福冈上空，散发了最后一批宣传品。

中国战机平安返航。日本领空有史以来第一次遭到外国飞机的入袭，这次行动大灭日军的嚣张气焰，极大鼓舞了民众持久抗战的斗志。

拱卫陪都重庆

1938 年 10 月武汉失守，国民政府军事机关亦迁到重庆，重庆成为抗战中心，但也成为日军空袭的主要目标。同年 12 月，日本天皇向侵华日军下达"大陆令第 241 号"，命令向重庆发起"航空进攻作战"。为此，日军扩建和新建了武汉、运城、璋德、仓头等空军基地，集中321 架飞机，对重庆进行大轰炸。

为拱卫战时陪都，1939 年春，原避往成都休整的空军第四大队将士主动请战，要求移驻重庆。大队长董明德撰写了请战书，呈送航委会，得到批准。于是，全大队移师广阳坝机场。

第四大队是中国空军的劲旅，此前已击落敌机 80 余架，为纪念以身殉国的首任大队长高志航，第四大队又名"志航大队"。飞行员大部分都历经过扬州、杭州、南京、汉口等地的战斗，可以说是身经百战。早在南京会战时，日本海军航空兵曾多次出动大编队，与第四大队进行决战，企图彻底歼灭中国空军王牌，结果却损兵折将，无功而返。在其他大队早已残缺不全的时候，航空委员会给予第四大队满额编制，下辖三个中队配属 27 架战机，均为苏制伊 – 16、伊 – 152 型。后又补充一个中队。

四大队的将士每人都写下了遗嘱，交托了后事。他们上阵前都检查防身用的手枪，打算万一迫降在敌占区，就留一颗子弹给自己。宿舍里经常谈论的是如何迫降。大家都知道祖国非常贫穷，进口一架飞机要花许多外汇，如果能将负伤的飞机开回来，打鬼子还有本钱。即便失控坠毁，摔坏的飞机还可以拆卸几个零部件，拼拼凑凑继续使用。

1939 年 1 月，日军开始实施"航空进攻作战"，派出飞机试探虚实。2—4 月，因重庆处于雾季，能见度低，敌机未出动。5 月 3 日、4 日，日本海军航空兵连续出动机群，接连轰炸重庆，炸死市民近 4000 人，炸伤 2300 多人，主城区一片火海，繁华市井顿成废墟。此后数月，空袭警报不断，民众流离失所。

日军的暴行激起"志航大队"官兵的满腔怒火，每次敌机来袭，他们都驾机升空，迎击强敌。

大队长董明德身先士卒，冲锋在前。5 月 4 日下午 17 时半过，接到部署在长江沿岸的对空监视哨报告，得知日机 27 架飞往重庆，已到长寿县上空。他立即下令迎战，全大队战机在 3000 米左右上空，以逸待劳。待敌机出现，我军战机奋勇出击，穿插在日军 96 式机群中。董明德首先击落一架敌机，副大队长郑少愚率队扑向敌机群一阵猛烈齐击，敌机一架坠落。其他战机也各有斩获。是役，我军击落及伤敌机各两架。

印度尼西亚华侨籍飞行员梁添成战果累累，时年 26 岁。在"五四""五一二""五二五"空战中，他总是升空迎战，每次都有一架半架（与战友合击）的战果。

据重庆《大公报》记载：6 月 11 日黄昏，又有 20 架敌机来袭。这一天本不该梁添成值班，可是他一听敌机来袭的消息就跳起来，跑到飞机边跨进座舱。战友跑去劝他下机，他只说："我这口气未消，今天如果打不下敌人，我无颜见人。"

梁添成上天空之后发现了敌机，追上去不停射击，最终击中一架敌机，同时，他的飞机也坠毁了。

飞行员柳哲生勤学苦练，驾驶苏制伊 - 16 战斗机得心应手，尤其擅长俯冲攻击，创造了击落敌机 11 架的奇迹。

郑少愚的僚机驾驶员周志开是一员猛将，舍生忘死，拼命拦截敌机。在一次战斗结束后，地勤人员发现他的机身上竟然有 99 个弹孔。宋美龄在空军座谈会上关切地问起此事，周志开轻描淡写地回答说："飞机擦破几块皮，小事情。"

血洒长空

1940 年 5 月，侵华日军制订"101 号作战"计划，调集飞机数百架，以重庆、成都为主要目标进行攻击，为期三个月。在这次行动中，日军配置了最新研制的"零式"战斗机，其性能远远超过中国空军拥有的苏制、美制飞机。

5 月 18 日，54 架日机袭渝，拉开"101 号作战"序幕，首先轰炸广阳坝、白市驿、梁山机场，企图消灭我军抵抗力量。此后数月不停顿轰炸，有时一天出动上百架次，如 8 月 19 日、20 日，共出动 289 架飞机轰炸重庆。此时，第四大队大队长董明德因训练受伤，由郑少愚继任。在强敌压境的情况下，他采取游击战术迷惑敌人，不时转场，并伺机反击。因日机从湖北等地起飞，经过长途飞行油料有限，到达重庆投弹后即要返航，此时我军趁势进攻，边打边追。

据重庆《新华日报》报道，5 月 21 日夜，我空军击落敌机一架。重庆《国民公报》报道，5 月 22 日我空军击伤敌机两架。5 月 26 日，空军及高炮击落日机两架、击伤一架。5 月 30 日击落一架。6 月 10 日，日机 126 架来袭，我空军前往拦击，击落一架。6 月 12 日，日军分三波轰炸重庆，第一波 54 架，第二波 27 架，第三波 54 架。郑少愚率队迎战，击落日军 96 式攻击机三架，击伤多架。7 月，击落日机 12 架，一架敌机残骸被老百姓抬到市区示众。

　　然而，日本具有生产战斗机、鱼雷机、俯冲轰炸机、远程轰炸机的能力，月产量在 500 架以上。中国不能制造飞机，连燃油也依赖进口，损失一架就少一架，空战的优劣一目了然。尽管如此，中国空军将士的士气却空前高涨，争先恐后奋勇杀敌。中国民众积极支援抗战，在重庆新建成九龙坡机场，白市驿、大中坝机场在建中。

　　8 月，航空委员会加调第三大队到重庆，协助空防，迫使日军派出驱逐机护航，开始使用"零式"战斗机。

　　9 月 13 日，日本海军航空兵 36 架轰炸机在 13 架"零式"战斗机护航下空袭重庆，中国空军第三大队、第四大队起飞 34 架迎战。按原有老战术，待敌轰炸机返航时出击，双方在重庆以西璧山县上空遭遇。

　　恶战中发现，我军飞机完全不敌"零式"战斗机，只有招架之功，没有还手之力。高又新和司徒坚被重重包围，形势危急。郑少愚放弃个人立功机会，单枪匹马冲进重围，杀开一条血路，率领高又新和司徒坚脱险。此时，郑少愚战机已经弹痕累累。高又新和司徒坚被救出后，各找目标厮杀。司徒坚被"零式"敌机高空俯射中弹，不幸阵亡。陈盛馨座机被打伤 87 处，操纵器失灵，左手也被击伤，他仍坚定沉着，竭力还击，最终驾机脱险。

　　半小时之内，我军被击落 13 架、迫降 11 架，剩余十架撤退到川中遂宁机场。

　　作战中，飞行员杨梦青等十人阵亡，郑少愚等八人负伤。空战结束后，璧山县民团前往搜寻，到晚间 22 时寻获烈士遗骸，清洗后以白布包裹，并赶制了十口棺材装殓。次日，璧山县军民及空军代表举行公祭，为提防日本间谍探知我军实际损失情况，仅载棺木四具前往会场。15 日晚全体烈士遗骸移往南山山麓，埋葬在 1938 年冬季修建的"空军坟"中。

飞行员徐吉骧回忆说："直至半年后才知当时遇到的是什么飞机。我军的俄制飞机和零式机一接触，就知我机的性能、马力及灵活度都比日机差太多了，虽知是如此我们依旧奋战不肯脱离战场，我见到我方的战机一架架坠落及有人跳伞。"

飞行员张光明回忆说："得知众多队友献身，大家难过得连晚饭也不想吃，一门心思想要报仇。"

被抢救到重庆黄山空军医院医治的大队长郑少愚得知消息，不顾身上有伤，挣扎着要下病床，马上要求出院重返战场。经医护人员劝阻，他在病床上号啕痛哭着说："我对不起弟兄们！我发誓，血债要用血来偿，不消灭仇敌我死不瞑目！"

重振雄风

"九一三"空战使中国空军元气大伤，难以作战。航空委员会先任命刘宗武代理大队长，后委赖逊岩为大队长。又从苏联买进一批战斗机，补充四大队实力。

飞行员拼死保卫飞机，被击伤或在座机发生故障时放弃跳伞，拼命驾机开回基地以图修复。不少飞行员就是卫机而死的。如莫仲荣在梁山赴安康途中因飞机故障，迫降龙王庙失事殉职。第五大队副中队长梁鸿云，第六大队飞行员黄文模、高漠等人都是在身负重伤的情况下忍痛迫降或返航，虽然保住了飞机，自己却因失血过多而亡。其中高漠在一度清醒后，第一件事竟是汇报战斗经过。最为悲壮的要数曾击落八架敌机的王牌飞行员袁葆康，他在起落架被敌人击坏的情况下，仍然坚持迫降，结果机毁人亡。

然而在数量、质量均不如日军的情况下，空军已无法阻止敌机对重庆的轰炸。

　　1941 年日军密谋发动太平洋战争，急欲瓦解中国军民斗志，继续猛烈轰炸大后方。5—9 月，更采取"疲劳轰炸"战术，日夜来袭。据《国民公报》报道，1941 年日机空袭最为严酷，共计空袭 47 次，出动 2567 架次，平均每次超过 50 架次，如入无人之境。

　　1941 年 4 月 13 日，苏联与日本签订互不侵犯条约，苏联开始撤回志愿航空队。6 月苏德战争爆发，苏联航空志愿队全部撤离中国，中方无法再得到任何援助。斯时美、英列强坐视远东战火置若罔闻。为保存有限的实力，航空委员会命令空军不时转移。

　　太平洋战争爆发后，中国空军在 1942 年新增飞机 275 架，重振雄风，与美国盟军"飞虎队"并肩作战。一位飞行员在打油诗中写道："老子等了好久想要报仇，今天时机已到，奉陪你在天上交手，见面就要咬你一口！"

　　1942 年中，日军忙于太平洋作战，虽数次派侦察机前往重庆，半道上即被驱逐。

　　1943 年 5 月，中国空军及美国盟军猛攻汉口、沙市、宜昌等地，击落日机 41 架、炸毁日机六架，破坏敌机场五处。6 月 6 日，我军以 P-40 机 13 架，由继任第四大队长李向阳率领，向聂家河之敌进攻。返航途中在梁山机场降落加油时，日机多架侵入机场上空投弹。中队长周志开单机抢先冒险起飞，冲向日机群，左右开弓，一人击落敌轰炸机三架、击伤多架，创造空战新纪录。

　　8 月 23 日，日机 27 架前来投弹，我军出击，一举击落两架，击伤多架，其余敌机作鸟兽散。这是日军对重庆最后一次空袭。

　　11 月下旬至 1944 年 2 月，中国空军以第一、二、三、四、十一大队及中美混合团、美国十四航空队，连续出击，击落日机 39 架、击伤17 架，在地面击毁 12 架，予敌重创。

第四大队还先后参加中原会战、长衡会战、豫西鄂北会战，创造了辉煌的战绩。

到抗战末期，哪里有日军航空兵，哪里就是中国空军争先恐后进攻的目标。侵华日军总司令冈村宁次哀叹："敌机如此猖狂，皇军几乎束手无策。"

中央航校一期至六期前后，上自大队长、教官，下至刚毕业的学员，前仆后继，视死如归。在激烈的空战中，四期前后学员几乎全数阵亡。仅以第四大队而言，就有四任大队长高志航、王天祥、李桂丹、郑少愚捐躯成仁。

1946年4月，在国民政府还都南京的前夕，航空委员会主任周至柔一行，专程到位于长房子放牛坪的空军抗战烈士陵园祭奠。肃立两旁的空军将士，和着军乐队的演奏，齐声唱起《空军军歌》。在场的重庆各界民众，不少人都悄悄抹起了眼泪。

一敌八与 3：0

——记抗日空军英雄周志开

程树武　王德中

抗日战争时期的 1943 年 6 月，盟军中国战区（包括中、缅、泰、印度支那战场）最高统帅、国民政府军事委员会委员长兼航空委员会委员长蒋中正，在军务繁忙的日子里，特乘专机到达川东梁山空军基地，授予空军第四大队飞行员周志开一枚青天白日勋章，以奖励这位单机勇战日机八架、创造一举击落敌机三架光辉战绩的抗日空军英雄。

柳州空战首捷

周志开生于 1919 年 12 月 10 日，祖籍直隶滦县，自幼随父居住开封。他于 1924—1929 年就学于河南第二小学，1932 年进入中州中学，初中毕业后升入济汴中学高中。周志开的中学时代正处于全国抗日救亡运动日益高涨的年代，民族意识、爱国主义思想的种子深深植根于他的心田。为了早日报效祖国，他放弃未来进入大学殿堂的追求，而于 1935

年6月考入杭州中央航空学校。抗日战争爆发的1937年7月，他正由中级班升到高级班，学习驱逐飞行。"八一三"淞沪战起，炮火逼近杭州，他随校西迁内地。由于他学习刻苦认真，很快掌握了飞行技术，作为第7期毕业生，被分配到屡立战功的空军第四大队（又名志航大队）任见习官。

1939年12月22日，四大队二十二中队长张威华率周志开等伊–15战斗机八架，随副大队长郑少愚到昆仑关进行制空作战。当他们向北返航到达柳州空域时，正与由北向南而来的九架日机遭遇。周志开首先发现北面远方一群黑点，就急速飞近长机，摇动机翼并以手指向敌机。郑少愚看到周志开这一特殊动作，也看到敌机编队，就向周志开点头示意，并立即摇动机翼发出攻击信号。周志开即冲向日第2号机，在距敌仅500米时突以密集枪弹猛射敌机，敌机顶不住他的火力，在转弯时左翼偏下，右翼翘起。这时他瞄准敌右翼发动机后边攻击，瞬间敌机冒出浓烟。他又将弹道横切，击中了敌机的主油箱，敌机犹如火球般爆炸坠地。这时敌机分散逃命，他又与郑少愚等合力击落一架日机。这是周志开第一次参加空战，首战告捷，从此崭露头角。

1939年12月30日，日驱逐机18架空袭柳州，遭我四大队迎击。我飞行员奋勇作战，击落敌机八架，我无损失，创造抗战以来罕见的8∶0光辉纪录。周志开勇歼敌机并光荣地出席了柳州空战座谈会。

中弹百发战犹酣

周志开所在的第四大队于昆仑关大捷之后不久回防重庆，担任陪都空防警戒。当时空军以重庆为作战中心，附近梁山、遂宁、宜宾为驱逐机三大起落基地。

重庆系战时中国军政机关所在要地，为全国政治、经济、文化中心，又是战略后方最大的兵器工业基地与重要空军基地。最高统帅部、航空委员会在此指挥着空军作战。日本为了"挫败"中国人民"继续进行战争的意志"，早在 1938 年 12 月 2 日，就以"大陆命第 241 号令"，要求侵华日军大举空袭重庆等内地城市。1939 年敌曾以"100 号作战"对陪都狂轰滥炸。1940 年 5 月 13 日，敌《陆海军关于 101 号作战协定》规定对重庆进行空前规模的大轰炸。投入这一作战的日海军第一、第二联合航空队组成"联合空袭部队"，并有陆军航空第六十战队，分别以汉口、孝感、运城为基地，用于可远程奔袭的陆海军飞机达 186 架。

"101 号作战"从 1940 年 5 月 17 日开始，9 月 5 日结束，计 112 天。敌空袭重庆 72 次，出动飞机 2023 架次，投弹 1405.66 吨。中国经受住了长达四个月的日机连续强袭。中国军民的抗战意志不但没被"挫败""摧毁"，反而被敌炸出了著名的不怕轰炸的"重庆精神"！

敌机频繁袭击重庆，中国战鹰一次又一次地升空迎击。1940 年 6 月 10—12 日，连续三天进行了激烈的空战。6 月 10 日，敌海军第十三、十五两航空队分别从汉口、孝感机场各出动 27 架中型攻击机来袭重庆（这种 96 式中攻机航程达 4670 公里，我方报道称其为 96 式轰炸机）。当天我第四大队起飞伊－15 式十架、伊－16 式三架、霍克Ⅲ式五架迎战。第五大队飞来助战的有伊－15 式二架、伊－16 式八架，还有十八中队霍克－75 式四架，共有 32 架驱逐机分别与敌交战。我击落日机三架，一落璧山，一落涪陵，一落江津。战后日本战史资料虽只承认被我击落两架，但却承认敌第十三航空队指挥官被击毙，且承认日机 26 架中弹，18 人毙命，2 人受伤。敌十三航空队与我 12 架战机交战，敌十五航空队与我 22 架战机激战。第二天，即 11 日，敌机 115 架分批空袭陪都。敌第六十战队长小川小二郎率领 97 式重轰炸机，于 14 点 30 分从

5500米高空投弹，妄图炸烂我第二十一兵工厂。我机起飞11架迎击，击伤日机多架。同日，敌海军航空队第六批27架飞机袭击重庆广阳坝机场时，被我击落五架。12日，敌六十战队的36架来袭，途中在万县上空与我28架战鹰在4000米高空鏖战，被我击坠两架。

周志开在陪都上空保卫战中频繁拦击敌机，屡立战功。6月11日那天，他随升任四大队长的郑少愚升空，在河洞镇上空与敌遭遇。敌机仓促胡乱投弹以减轻重量作战，周志开勇敢地冲进敌机编队之中，他与战友立即发射曳光弹，织成一张巨大的火网，敌机招架不住，翻滚坠地，响起震天动地的爆炸声。接着他又追击另一敌机，敌人以密集的枪弹还击，左侧、右侧日机一齐向他开火，但他上下翻滚缠斗，敌人纷纷退逃。此战我空军共击落日机五架。当周志开的座机降落后，发现机身中弹99处，另有一处为炮弹击伤。在当时的航空委员会秘书长宋美龄主持的座谈会上，周志开报告了战斗经过。他说他攻击敌人三次，没有看到敌机冒烟或其他被击中的迹象。第四次攻击，他就钻进敌机群，在敌火力密集处打完了自己的子弹，敌人也还了他许多子弹。他的飞机上有99个弹洞和一个炮弹片炸开的窟窿。宋美龄听到此关切地问："你人呢？"他答："没事儿。"战争造成了巨大的破坏，但也锻炼了人的意志，周志开正是在苦战中磨炼出了顽强的斗志与拼搏精神。

1940年7月17日，蒋介石在"中央总理纪念周"会上讲话赞扬了周志开：近来敌人每天派来轰炸重庆的飞机，少则110架，多则160架。每一架平均至少有五个至七个人，就是它每天倾其空军全力来侵犯重庆的人数，多则1000人，至少亦有700—800人。而我们用来抵抗敌人的空军是如何？老实说，我们每天只要用空军中极少数的飞机，就没有一次不是将敌机大批击落或击伤，决不使它有一次能全队而归的时候。仅就这几次击落的敌机来说，每天少则两架，多则九架。而据敌人自己的广播称，除被击落的以外，每次被我空军击伤的飞机，至少亦有十余架……我们每架驱逐机每日要与敌军五倍以上兵力继续三个至六个小时的苦斗。这就是我们空军每次升空以后，要与敌军作五次以上的强烈战斗，而且每次作战以后，每队飞机至少有三分之二皆被敌机枪炮弹击中的。甚至有一次，周志开同志所驾驶的飞机被击中 99 颗枪弹，又加一颗炮弹……

英勇搏击建奇功

1942 年 3 月下旬，第四大队长郑少愚率领全队移驻昆明，旋即赴印度接运美制 P-40、P-43 式战斗机。第四大队装备焕然一新，周志开更是如虎添翼。

1942 年 10 月 23 日，驻成都空军第三路司令部接到情报，获悉日机不断到陕南安康、南郑一带侦察。已升任二十三中队副队长的周志开，奉命率分队长杜兆华各驾一架 P-43A 式战斗机，从双流机场飞往南郑。24 日 11 时 30 分，在城固与洋县之间的上空，他们与敌"百式"侦察机相遇，当即将敌机击坠于洋县西 25 公里之第四保地方。

1943 年 5 月敌进攻鄂西，从 5 月 19 日起，我空军第一、二、四、十一大队及美第十四航空队，投入作战飞机 165 架（轰炸机 44 架，驱逐机 121 架），配合地面部队反击日军。日军参战的有飞行第十六、二十五、三十三、四十四、四十五、五十五、九十战队共 248 架。日第一飞行团长今西六郎少将于 5 月 20 日令第二十五战队出动 16 架驱逐机，掩护九十战队第三中队 9 架轻轰炸机，袭击梁山机场。

梁山机场位于川东大巴山南麓，经过战时万人抢建，规模近似南昌著名的青云谱机场。空军驱逐总队曾于 1938 年 6 月成立于此，这里也曾作为苏联空军志愿队 40 多架驱逐机的秘密机场。第三、第四大队也曾驻防这一空军基地，因而成为敌机攻击的重要军事目标。

中国空军在会战期间不断出击和迎战。5月21日，我P-40式八架袭击宜昌敌军事设施，同日四架扫射华容一带日军。

5月26日晚我空军主力进驻梁山机场。28日，日酋今西六郎即部署兵力攻击梁山。29日，第九十战队长三木了中佐的第三中队在二十五、三十三战队掩护下袭击了我梁山机场。31日，我B-24重轰炸机九架，在P-40式战斗机护航下轰炸了敌占宜昌的军事设施。日第三十三战队仓促应战，敌飞行中队长大坪靖人大尉的座机被击落，机毁人亡。同日晚，我又出动P-40式12架，袭安陆、应城、孝感敌军。6月2日，我空军与美第十四航空队并肩作战，猛烈轰炸乘船向宜昌败退的敌军第三、三十九、五十九师团残部，使敌大批葬身鱼腹。

1943年5月31日，周志开指挥我机袭击敌占湖北荆门机场，取得重要战果。当天，我第四大队长李向阳率P-40式八架战斗机，与美第十四航空队爱迪生中校的两架P-40式战斗机，共同为美第三七四中队的九架B-24重轰炸机护航，空袭敌荆门机场。我机从梁山起飞不久，李向阳的座机因突然出现故障返航，机群由第二十三中队长周志开指挥。当我轰炸机炸毁日机两架返航后，周志开所率战斗机与十多架敌机遭遇，在激战中爱迪生遭敌衔尾攻击，危急中被我飞行员臧锡兰发现，将敌机击落。爱迪生之父为感谢中国飞行员救子之恩，曾赠我P-40M式战机四架，被传为战时中美友谊佳话。

1943年6月6日是周志开建树奇功的日子。这月初，敌第一飞行团主力推进到距前线较近的荆门机场。他们发现我机频繁进出梁山基地，遂于6日出动第三十三战队主力"1式"战斗机14架，掩护第九十战队第三中队双发动轻轰炸机八架，袭击梁山机场。战后日本战史丛书对此次战斗作了记载：攻击梁山时，恰值中国飞机返航，取得"奇袭成功"，击毁地面飞机 20 架（我方称为 P－40 式被毁 12 架，损伤 4 架，大致相符）。日方还承认："我方双轻二机损失。"我国宣布周志开击落日机 3 架。

事情经过是这样的：6 月 6 日，为配合我地面部队歼灭宜都附近聂家河及过河滩日军，第四大队长李向阳率机 13 架从梁山出发，袭击聂家河东岸 628 高地敌司令部后，于 12 时 40 分刚刚降落于梁山机场时，突接防空哨所报称：四川奉节以南发现不明飞机八架，航向为 4—8。根据时间、航向、机数判断，误认为是当天上午我从梁山起飞的第十一大队长胡庄如的八架 P－66 战斗机返航。可是又忽接恩施已发警报的报告，正当驻梁山空军第三路司令官杨鹤霄下令加油机前待命之时，敌八架轰炸机已分批突临机场，开始俯冲投弹。周志开没去疏散躲避，而紧急跳上距自己最近的战斗机，他来不及扣上保险带和保险伞，连座舱密封盖都顾不得关闭，就急速腾起。当他刚一飞离地面，敌机炸弹已丢落在停机线与跑道上。周志开简直像火焚的再生凤凰，单机升空与八架敌机展开勇敢的搏斗。周志开不能平飞，而是运用各种特技飞行单独与敌机周旋缠斗，犹如空中上下翻腾的神龙，竟能突然转弯 270 度避开敌人枪弹。敌机投弹后被周志开冲散队形，周志开决定先打正逃的三架日机，便首先集中火力攻敌 3 号机，将其击落于分水岭黄土坎。紧接着，他又向敌 2 号机开火，但忽见 2 号机后座枪口朝天，不冒火光，就估计到机枪手非死即伤，而敌领队的 1 号机后座机枪正对他开火，他随即改变方向直扑右侧的日机，面对飞行技术如此纯熟而又骁勇善战的周志开，敌机想脱离逃遁，但周志开岂肯放过，遂紧追不舍，直至将敌击坠于巴山，旋又追上敌 2 号 97 式轻轰炸机，将敌机打掉坠毁于巴东以西的官渡口。

周志开以一敌八、创造 3：0 奇迹的战斗报告送到重庆。蒋介石立即呈请国民政府晋升周志开为空军少校，授予青天白日勋章，并亲往梁山授勋。蒋介石在讲话中说：周志开这样优良的成果不要说在中国是难得的，即使在世界各大空军国家中亦是空前的。

美第十四航空队为了想一睹周志开的风采，曾电邀周志开去昆明。参加鄂西大捷庆祝盛会的美国空军人员请他向美国听众播音。重庆"中央广播电台"约他向全国报告梁山空战经过。一次，他在重庆街头偶遇一个陆军上尉，上尉尊敬地问："你是周志开吧?"他一时想不起对方是谁。这个青年军官说："上次我随我父亲到你们防地给你授过奖章。"原来此人是蒋介石的次子蒋纬国。周志开一时成了引人注目的中国空军明星!

空军明星的陨落

1943 年 11 月，驻汉敌第十一军司令官横山勇中将，调集 10 万日军侵犯鄂西、湘北地区，妄图"消灭中国军主力，摧毁第六战区的根据地"。为了支援我军地面作战，我方投入空军第一、二、四、十一大队，并有美十四航空队、中美空军混合团协同作战，共 200 架战机。敌方则有第十六、二十五、四十四、四十五、八十五、九十战队及独立第十七、十八、五十五中队计 253 架飞机。空军第一路司令官张廷孟上校坐镇恩施机场指挥作战。这时升任第二十三中队长的周志开，几乎每天出动轰炸扫射敌军阵地或交通线。他刚到恩施就立即要求出战，张司令官笑着说："勇气可嘉，但你不要忘记现在你是一队之长，作战就应该时刻想到集体的安全和力量，还是等一等。"

1943 年 12 月 3 日，周志开奉令率 P－40 式九架，掩护高又新中队向我常德守军空投 9 万发 79 口径子弹。四大队长李向阳则率机九架去前线相机袭敌。他们三个编队起飞不久，即与敌零式战斗机 17 架、99 式轰炸机 22 架遭遇，并展开激战，我方当即击落 99 式轰炸机三架。周志开中队击落零式机两架。

由于周志开在常德会战中屡立战功，又荣获一等宣威勋章。

1943 年 12 月 8 日常德会战大捷，敌伤亡 4 万余人，损失飞机 25 架。会战结束时，我方获悉敌在汉飞机约百架，周志开遂主动请求在返防四川之前进行一次侦察，并相机袭敌。张廷孟、李向阳挑选周志开、高又新这两位艺高胆大的中队长执行这次冒险出征。

1943 年 12 月 14 日，富有独立作战经验与胆略的周志开，与高又新各驾一架 P－40 式战斗机从恩施起飞，顺长江向东进发。但到下午 4 点 30 分，回航时限已过，他们仍无音信。4 点 50 分，高又新回来了，他说："我和周队长飞到汉口附近，已看到孝感机场，但未见敌机。他先摇翅膀向西南脱离，我往江汉平原的皂市、沙洋一带飞去，到钟祥、荆门之后，经由宜昌以北的兴山回来，什么都没有看见。"人们这时已预感到出了问题，但都没出声，直到下午 6 时大家更焦急了。第六战区发动全部防空监视哨所进行空中搜索，空军第一路司令部命令恩施、梁山、白市驿三座空军电台轮流呼叫，均杳无信息反馈。直到晚饭后才接到报告，长阳县龙潭坪乡长报称："我机一架在空中着火，坠落于龙潭坪附近山岩中，发现机身上有青天白日国徽，空军五十七部队出入证……"无异，中国空军明星陨落了！

同日晚，汉口敌广播电台称："今日 12 点 30 分，中国飞机队前来汉口机场实行偷袭，我地面设备略有损失。我神武飞鹰立即升空与之从事激烈空战，敌机一架在长江南岸负伤飞逃，我机亦有二架损失。"

空军恩施前进指挥所主任刘毅夫，奉第六战区司令长官陈诚之命，亲往烈士殉国地点长阳迎接遗骸，核实情况。

战功显赫的周志开烈士，在他年轻的 24 岁短暂的人生征程中，为中华民族的解放事业谱写了一曲又一曲凯歌，最后献出了宝贵的生命，周志开的英名永垂青史，流芳千古！

铁血御外侮

——国民党中央海军江阴抗战记

————

叶芳玲

1937 年 8 月，日本帝国主义加紧了对华侵略的步伐，著名的淞沪抗战开始了。就在这场战役进行之时，在长江的东大门——江阴也发生了一场激战。这场战役，是中国旧海军在抗日战争中进行的第一次对日海空作战，也是最后一次对日海空作战。

江阴战役的结局，固然是失败了，但是，它对于配合淞沪战役，破坏日军速战速决的战略计划，起到了应有的作用；同时，广大爱国官兵也用他们自己的生命和热血，在这场战役中，谱写了光辉灿烂的一页。

江阴战役是从这里开始的——

实行封锁

1937 年 8 月 7 日，黄昏。国民党政府海军部部长陈绍宽在他的办公室里召见了"通济"练习舰舰长严寿华。他手指地图，严峻地说："目前局势万分紧张，为了阻止日军打开我长江东门——江阴，溯江西上，配合其驻扎在长江流域的浅水炮艇部队和武装侨民等进攻汉口、南京，最高国防会议已批准我部计划：集海军全军为一集团，封锁江阴航道，配合陆上友军拱卫南京，保卫我长江运输线。"

陈绍宽停了一下继续说道："封锁江阴航道需要采取措施。'通济'是一条无战斗力的旧舰，准备和其他旧舰一起在江阴要塞下沉。现在，你必须立即驰赴江阴，做好一切准备。"

陈绍宽仔细指示了封锁线的方位，又紧紧握住严寿华的手，语重心长地说："何时实施沉舰，我将另行通知，要相信将来抗战胜利，一定会建设起新的海军，此时千万不要灰心啊！"

封锁江阴要塞，是国民党政府最高国防会议的密令。但是，这个密令却被国民政府行政院机要秘书、汪精卫的亲信黄濬泄露给了日本总领事。日本政府当即下了"撤侨令"。8 月 7 日夜，满载日本陆军、海上陆战队和侨民的商轮在日舰的护送下，开始陆续驶出长江。

封敌于长江之内的计划落空了；敌人方面军事行动的步伐却更为加快了。

早已侵入中国沿海的日本海军第三舰队，这时已中止了在台湾海峡的演习，所属各战队分别回到原驻地。第十一战队、第五水雷战队分驻于长江流域和华南沿海。舰队司令长官长谷川清中将乘旗舰"出云"进驻上海。根据日本政府"大海令一号"，由吉田善吾中将率领的第二舰队，护送陆军、海军陆战队和军火也来到中国，并将第四战队、第三水雷战队以及新编第九战队编入第三舰队，加强其在上海方面的力量。就在日舰、日侨陆续撤出长江时，麇集于吴淞口、舟山群岛和马鞍群岛附近的第三及第二舰队所属各战斗舰：航空母舰、轻巡洋舰、驱逐舰、鱼雷艇等，正朝着长江口，朝着中国大陆张牙舞爪，虎视眈眈。

8 月 11 日中午，日本轻巡洋舰"由良""鬼怒""名取""川内"

等相继侵入吴淞口，分泊于杨树浦附近和黄浦码头。将近傍晚，又有约十艘驱逐舰和鱼雷艇鱼贯进入黄浦江，抛锚于杨树浦一带江面。

霎时，黄浦江上空战云翻滚。日本帝国主义欲攻取上海，直捣南京，以武力压迫国民党政府屈服，实现速战速决的战略目的。

日军要实现上述企图，逆长江西上显然是一条捷径，在这万分紧急的形势下，11 日下午，蒋介石终于抓起电话耳机，亲自向陈绍宽下达了命令：立即实施沉船封江。

海军部指挥机关里，刚放下电话的陈绍宽，迅速整好军容，偕同陈季良等人快步走出大楼，分别钻进早已候在楼前的几部小汽车。转眼间，车队驶出挹江门，朝南京下游的草鞋峡方向风驰。

草鞋峡一带江面上，一股股黑烟融入苍茫暮空。集结在这里升火待命的中央舰队"平海""宁海""逸仙""应瑞"等轻巡洋舰，以及大小十几艘内河炮艇，已处于紧张的备战状态。当陈绍宽等抵达草鞋峡，下车登上"平海"号旗舰时，舰上立即发出起锚开航的信号。刹那间，一道道夜航灯光刺破浓浓暮雾，各舰尾随"平海"，鱼贯而行，直趋江阴。

江阴为长江下游的咽喉要地。早年，李鸿章在这里修筑过要塞；现在，在要塞的旧址上，有 60 尊大炮齐对江面，此刻，"通济"舰和其他七艘老舰、废旧鱼雷艇，以及 20 艘大型商船相挨泊于江面。军舰上，炮械都已卸去；商轮上，船员也已遣送登陆。

午夜，"平海""宁海"等舰相继驶抵江阴。陈绍宽向各舰传令：江阴封锁线于 12 日中午开始执行堵塞，任何中外船只均不得通行。

翌日清晨，"咸宁""绥宁"等炮艇在江阴下游方向陆续轰击各处灯塔、灯标、灯船，欲将下游一切航标予以破除。

至中午时分，"大同""自强""威胜""德胜""武胜""辰字"

"宿字"等七艘军舰，开始按既定方位陆续自沉。20 艘商船在"通济"船长和舰队参谋的分头指挥下，也排列成行，先后下沉。

下午 5 时，"通济"舰最后执行任务。舰上全体官兵集合在甲板上。为示破釜沉舟之志，每个水兵只身携带一卷铺盖，全体军官则孑然一身。他们默默地向舰只告别……

血战江阴

江阴封锁线初步形成后，陈绍宽立即回南京述职。陈季良仍驻"平海"，指挥中央舰队日夜警戒在封锁线上。

疯狂的日本帝国主义，原不把中国军队放在眼里。他们狂叫着"三天占领上海；三个月灭亡中国"，于 8 月 13 日向我驻沪军队发动攻击。淞沪战役自此展开。

8 月 14 日，日舰"出云""川内"号上的舰载机轰炸了虹桥和闸北区。同时，日军第三舰队第一航空队的"凤翔""龙骧""加贺"号航空母舰，开始连日出动飞机，对南京、南昌、苏州、杭州等城市实施狂轰滥炸。接着，日军第十一战队各舰艇和第八战队旗舰"由良"等配合陆上部队向中国驻军防地炮击。

中国驻军奋起抗战，屡挫敌锋。空军部队连日迎击敌机，并乘隙袭击云集黄浦江和马鞍群岛各处的日舰。

战事在上海激烈地进行，守卫在江阴封锁线上的海军官兵，目睹的却是另外一番景象。

海军当局为了加固封锁线，责成沿江各地征集民工、民船，采运石方，以充填沉船空隙。8 月中旬开始，从江苏、浙江、安徽、湖北各地征得巨石 3000 多英方、2300 多吨，碎石 6500 多担，还有盐船、民船185 艘。但是，地方当局不向百姓道明实情，贫苦的船民们摇船运石匆匆来到封锁线上，满以为卸了石便可回乡，殊料这里竟也是他们沦落、葬身之地！当他们被不由分说地赶上了岸，眼睁睁看着依以为生的船只连同石头一起被江水吞没，顿时，捶胸顿足，呼天号地。有的船家求生无路，回乡无门，不得不投水自尽。

这种种惨象，尤其是妇孺的哭啼，震动着海军官兵的心。这时，他们作为旧时代的军人，还不能对眼前发生的一切作出正确的解答，但是，一颗中国人的心和中国军人应尽的责任感告诉他们，这笔债，是要向侵略者讨还的！他们默默守卫在各自的岗位上，严阵以待。

从8月16日开始，江阴封锁线上不时出现敌机。8月22日，又有敌机12架前来骚扰。守卫在最前线的"平海"舰迅速而准确地射出复仇的炮弹，击落敌九四式轰炸机一架。官兵士气为之一振，摩拳擦掌地准备迎接更大的战斗。

这时的日军，由于上海驻军的顽强抵抗，恼羞成怒。他们看到，由于江阴封锁线，使得其第三舰队的行动受到限制，而且对南京方面的空袭也构成威胁，从而妨碍了他们速战速决战略目的的实现。现在，必须采取措施，立即加以摧毁。所以，日军一面从国内不断地增兵上海，一面加紧策划对江阴封锁线实行大规模的轰炸。

9月20日，日军第三舰队的各级指挥官聚集在"出云"舰上，敌酋们议定，将第二联合航空队的全部兵力投入作战，重点攻击"平海""宁海"，寻机进行低空轰炸，将两舰一举击沉，随后，消灭其他船只。

9月22日，将近中午，长江下游一带天低云暗，细雨霏霏。12架九二式水上攻击机和6架九五式战斗机满载着60公斤重弹，向江阴封锁线呼啸而来，直扑"平海"。机群分队从三面环攻该舰，弹如雨下，在舰旁激起如林般冲天水柱。"平海"舰立即应战，四门高射炮昂首齐吼。附近的"宁海""应瑞""逸仙"等舰及两岸炮台上的高射炮也密切配合，织成密集的火网，撒向天空。一架敌机被击中，拖着长长的尾巴栽向江中。其余敌机忙麇集成群，向"平海"左舷发疯般轮番俯冲掷弹，两颗炸弹击中舰体，弹片射穿驾驶台，击伤舰长高宪申。年轻的副舰长叶可钰迅速接替指挥，沉着地发出一道道命令。随着命令，"平海"舰灵活地避开敌弹，高射炮旋转炮口向高空之敌射出连珠炮弹，高射机枪迎着俯冲之敌"哒、哒、哒……"横扫。中弹的敌机呜咽着坠入江底，负伤的慌忙夺路而逃。

嗡嗡的机声刚逝，从日军"加贺"号航空母舰上起飞的 7 架九六式轰炸机又出现在"平海"上空，接踵发起第二次攻击。一枚 30 公斤炸弹命中"平海"，幸未致成重伤。

第二个冲击波过去后，敌机又组织了第三次攻击。这时，日近黄昏，低低的云层压在"平海"、"宁海"舰上空，视界不清。敌机乃改变进攻目标，扑向"应瑞"。两颗炸弹在舰旁爆炸，这艘 1913 年造的巡洋舰即受严重创伤。

夜幕降临了，敌机余焰未熄，不甘心地掉头返航。

这场海空激战，敌机被我击落 5 架，击伤多架，我方舰队连夜调整部署，处理了伤亡人员，做好一切迎战准备。

次日清晨，敌侦察机在江阴江面盘旋侦察。不久，又有数十架敌机蔽空而来，复又躲进高高的云层。狡猾的敌人改变了战术。首先，敌以 12 架战斗机、攻击机吸引了炮台上的对空火力，接着 26 架九四式、九六式轰炸机破开云层，发出撕裂人心的怪叫，向"平海"、"宁海"轮番俯冲，在仅约二海里宽的江面上丢下无数重型炸弹，犹如撒下张张铺天盖地的弹网，把"平海"、"宁海"层层围住。舰队官兵也毫不示弱。敌机刚刚进入射程，各舰指挥员一声令下，排炮怒吼，机枪齐射。顿时，只见空中、水中、机旁、舰侧火光闪闪，炸声如雷，硝烟弥漫。

突然，一架敌机在空中爆炸，四散的残骸沉重地砸落在"平海"后望台上。同时，两枚炸弹先后命中舰体。"平海"遂带着遍体鳞伤向上游避航。凶暴的敌人见势更为猖獗，新增派的 20 架轰炸机和战斗机追踪而来，分批高速下降，狞笑着俯冲掷弹。副舰长叶可钰站在弹痕累累的驾驶台上，冷峻的目光紧盯着敌机，疾令各炮位瞄准射击，各机枪密切配合。机枪指挥刘馥自充射手，扫射正酣，枪架纵轴因发射逾量而折断，刘忙冒险抢修。突然，一架敌机厉声扑来，说时迟，那时快，刘馥一把抓起发红的枪管，对准敌机迎头猛扫，吓得敌机一抬头疾躲进高空。但是，三颗罪恶的炸弹又在"平海"舰附近爆炸，命中舰体，机舱、弹药库被击穿进水。水手们争先跳进水中抢护仅存的炮弹，堵塞漏洞，但舰体负伤过重，堵塞无效，倾斜 20 多度的"平海"，终于吐着滚滚黑烟和蒸汽，沉搁在十二圩浅滩。

"平海"既沉，"宁海"遂成敌人集中攻击的目标。

连续的激战，"宁海"也消耗甚巨。现在，面对恃优势而肆虐的空中强盗，众官兵毫无畏色，越战越勇。他们把满腔的仇恨压进炮膛，瞄准敌机，把一串串炮弹送上天空，在敌群里开花。敌人玩弄故伎，高空轰炸配合以俯冲攻击，几十架飞机上的重弹不停地倾泻下来。"宁海"舰首中弹一枚，飞机亭被击起火，锚机被炸失灵，无数弹片洞穿左右船舷，锚链舱、米舱、帆缆舱、十四生弹舱等同时进水。驾驶台里，航海员头部中弹，脑浆四溅。舰长陈宏泰腿部受伤，一个踉跄栽倒，又强撑着站起来。他忍着剧痛，不顾伤口血流如注，急令全舰官兵迅速灭火，斩断锚链，继续作战。舰前段，各级指挥官带领水兵冒着纷飞弹片，紧张地抢险；炮塔上，炮手们前仆后继，坚守战位，六门高射炮高昂着头，不断喷射出一团团火焰。不幸，又一枚重弹在舰桥后侧爆炸，舰体要害部位受到严重破坏，剧烈地摇晃起来，失去了战斗力。舰长下令向上游避航。"宁海"也挣扎着驶抵十二圩。这时，江水浸过甲板，淹没了舰尾。

一场恶战结束了，"平海"斜躺在浅滩上，"宁海"翘首倒栽江边，更有成百名官兵的热血洒进了一江绿水。落日仿佛为之啼血，最后一抹余晖，竟是那样鲜红、鲜红……中国海军失去了它仅有的两艘现代化新舰，而日军虽有十架飞机在封锁线上丧命，其气焰却从此倍加嚣张。

两天后，中央海军第一舰队司令部刚刚移驻"逸仙"舰，正在江阴和鱼目洲之间航行，被正在进行低空搜索的敌机发现。十架敌机即刻以低空投弹，三度狂炸该舰，使该舰高射炮火力失效。正当敌人得意忘形之际，舰队司令陈季良命令以舰首大炮反击，连续命中两架飞机。但是，"逸仙"舰也因负重伤而沉没。全舰阵亡官兵十多人，伤八人。与此同时，前往援救的中国海军唯一的驱逐舰"建康"号亦被炸于龙梢港途中。

此情此景，江阴封锁线十分危急。海军部疾命第二舰队司令曾以鼎乘"楚有"炮舰前往接替陈季良。同时，将属粤系的巡洋舰"海圻"、"海琛"和中央舰队的"海容"、"海筹"沉于江阴，加固封锁线。

但是，"楚有"舰刚抵江阴，就在连遭四次空袭之后，于9月29日沉没。

在日本侵略者狂轰滥炸之下，第一、二舰队所属"青天"测量舰，"湖鹏"鱼雷艇，"江宁""绥宁"炮艇，已负重伤的"应瑞"舰等，先后在江阴水面遇难。国民党中央海军舰队自此丧失殆尽。

舰队既没，海军部拟改变策略，拆卸舰炮移置于江阴、镇江附近要塞，借以继续守护封锁线。但这时，上海战局突变。由于蒋介石乞望《九国公约》国家出面制裁日本，对上海撤退令下而复收，引起部队极大混乱，淞沪防线全线动摇。11月11日，日军占领上海，随即便如入无人之境，分三路直扑南京。12 月 13 日，进占南京。海军江阴炮台炮队坚守到 12 月 1 日，终于在三面受敌的险境下，奉命撤退。

淞沪战役，国民党数十万陆空大军顽强抗敌整三月；江阴战役，国民党中央海军以弱战强力守封锁线，其英勇激发了全国军民的斗志，对于粉碎日军三月亡华的梦想起了重要作用。

一年多后，国民党军事委员会装模作样地表彰了江阴战役中的抗日有功人员。陈季良、曾以鼎各记一等功，高宪申、陈宏泰、叶可钰分别授予甲胄荣誉奖章。刘馥等官兵也颁发了其他各级奖章或通令嘉奖。

但是，江阴战役的耻辱又当谁来负呢？1938 年 2 月，国民党大员陈诚在武昌珞珈山将校研究班以《沪战的经过与教训》为题发表讲演，他说："军事与政治原是不可分离的东西，但是这次作战以及作战期中，我政治上的缺陷实在太多"，"战略受政治影响极大，乃是国家的不幸"。这事实上承认了作战的失败是政治和战略方面的原因。说的是淞沪战役，江阴战役何尝不是这样？

中国半殖民地、半封建社会的统治者国民党政府是腐败的，但是中国人民是英勇而不可侮的。江阴战役的中国抗日勇士们，你们无愧于民族，你们将会永远得到人民的怀念。

擦皮鞋的少将

———————

杨耀健

虎口脱险

　　1932 年秋天，在风景宜人的松花江畔，坐着一位西装革履的男子。他像是外地来的观光客，不时举起手里的小望远镜，饶有兴趣地浏览着江中的景色。其实，他是"醉翁之意不在酒"，观察的目标是远处的军港。

　　军港内泊着威武的松花江舰队，那是早年的奉军大帅张作霖为了称霸关外，花费巨款从德国购置的。日军制造"九一八"事变，大举入侵东北，舰队来不及撤走，全部被日军虏获，改编为"满洲国"海军。

　　远眺成群的舰艇桅杆上飘扬着"协和旗"，手持望远镜的青年男子又恨又急，只盼望劫舰计划早日完成。

　　此人名叫江民声，祖籍山东汶上县，家境贫寒，19 岁时闯关东在抚顺当矿工。后因不堪凌辱，怒打日本工头，避祸到了哈尔滨。他耳闻目睹日本商人、侨民的胡作非为，又有感于当局的卑躬屈膝，愤而加入秘密抗日团体"国民救国会"。他以《晨光报》广告员职业为掩护，担任联络工作，扩大抗日活动。

东北沦陷后，不甘做亡国奴的江民声参与组织"哈尔滨民众救国自卫军"，被推为七人筹备委员会成员之一。

当时据报，松花江舰队为扩充陆战队，得到日军发来的大批枪械军火。如能将其劫夺到手，装备六个旅不成问题，已有爱国的水兵自愿做内应，只待日本驻军换防之机，自卫军便要发起劫舰。江民声此来，是要进一步观察军港的动静。

劫舰的日子一天天临近，谁知有个败类误了大事。那是个海军军官，喝醉酒后失言，被日本宪兵捕去，严刑之下吐露了这天大的机密。

日军当局派出军警，按叛徒口供四处抓人，江民声亦身陷囹圄，吃尽苦头。但他坚不吐实，"抗救会"同人闻知动容，不惜以重金买通宪兵队里的一个韩国人，偷偷掉包放走了江民声。事后，日军北满宪兵司令部侦知江民声是重要的抗日指挥者，专门在东北全境发出了通缉令。

江民声虎口脱险，潜往北平，又跑到南京，满怀一腔热忱，欲唤起国人，重新建军，收复失地。不料那些丢城失地的流亡省长、司令，已获优厚安排，早已忘怀东北父老，照样花天酒地，哪里还想到要打回老家去。对于江民声的呼吁，他们听都不愿听。

失望之余，江民声只有跪在中山陵痛哭流涕，向先总理倾吐心中的怨气。

眼见求援无望，他又化装潜回哈尔滨，希望重集旧部，反满抗日。但老熟人们死的死，散的散，难觅踪影。

一天，江民声正在街头闲逛，有位"抗救会"的老成员一把挽住他，把他拉到僻静处才对他说："你好大的胆子，日本宪兵悬有重赏收买你的人头，你居然还往网里钻。赶紧离开哈尔滨，越快越好。"

名扬沪港

江民声这次跑到上海，但他举目无亲，腰无半文，难以维持生计。无奈中，他只好向设在上海的"东北难民救济协会"求助，指望能解决职业问题。

"救协"是上海各界组织筹建的，负责登记的书记员不了解江民声的经历，就问他："江先生是什么文化？"

江民声不好意思地答道："读过两年私塾，只学到《论语》的'大中'和《孟子》的上册。"

"那么江先生过去从事过何种职业？"

"当过矿工，也做过报社的广告员。"江民声如实地回答。

书记员面露难色："哎呀，现在上海本地的失业者也比比皆是，像江先生这种情形，恐怕也不好安排。你自己要设法投亲靠友。"

江民声岂是寄人篱下之辈，他思索片刻便说道："我是刚从东北逃出来的，衣食无着，也无亲友可投靠。但我身强力壮，也不打算要求救济，只求你们借我15块钱作本钱，我会自食其力，不再麻烦你们。"

"救协"一听江民声开口不大，如数付钱给他，就此成全了江民声的大事业。

他拿到这笔小钱，转身走进杂货铺，购置了各色鞋油、鞋刷，外加一把藤椅，扛到热闹街区就摆了一个擦皮鞋的地摊。他在哈尔滨时见过这行道，投资少，见效快，又无须多大的技术。为难之际，他就想到以此自强自立。那天，他硬是饿着肚子开张，接了几双皮鞋来擦，晚饭才有了着落。

面对大时代，纠缠小饭碗，江民声心潮难平，遂一面擦皮鞋，一面对主顾们宣传抗日道理。他绝口不提自己的过去，因而谁也猜不到，这位热心抗战的擦皮鞋匠，竟有着传奇般的复杂身世。

他擦皮鞋舍得上油，作宣传不厌其烦，因而一炮打响，当月就净赚30元。此时，他读报听说有个难童病重无钱治疗，马上寄去10元，作为捐赠，另外15元还贷款，自己只留5元将就糊口。从那以后，他每月都将收入的一半捐给"难民救济协会"，用以帮助别人。

在号称十里洋场的大上海，红尘滚滚，不少人唯利是图，一个擦皮鞋的却做出如此义举，引起了新闻界的注意。有好几家报馆的记者，慕名前往"救协"采访，打听江民声的根底。

"救协"负责人发表谈话说："这位江先生是难民中的佼佼者，他不仅自立谋生，而且仗义疏财，令我们格外感动。"

"救协"负责人的话音未落，应邀到会的东北军将领朱庆澜粗声粗气插话道："各位，江民声不是一般难民，他是东北义勇军的无名英雄。"

记者们听了大吃一惊，又追问道："江先生在义勇军担任什么职务，有军阶吗？"

朱庆澜答道："据我所知他任过参议，军阶至少该是少将。"

朱庆澜曾任过哈尔滨行政长官及中东铁路护路总司令，江民声组织自卫军时曾与之接过头。他的证词一出口，众人都深信不疑。

第二天，上海各报均以"擦皮鞋少将捐款救济难民"为题，竞相报道江民声的事迹，使他的大名不胫而走。

江民声见报上称他为少将，颇不解，往诘朱庆澜。

朱庆澜解释说："你从宪兵队逃走不久，我们成立了抗日救国自卫军第四路军，大家并未忘记你，就将你推为参议。"说着，他还取出当时的名册来翻看，其中第四名就是江民声的名字，注明为参议。

江民声有此头衔，态度更为积极，主动协助"救协"工作，足迹遍及华东、华南，募集了大量捐款，接济流亡的东北难民。

1937 年春，江民声到达香港募捐，蔡廷锴将军在当地《大众报》上撰文，盛赞江民声的义举，使之名扬港澳。香港的诸多名人，亦以一晤江民声为幸。

新任教官到军校

江西星子县离庐山不远，中央陆军军官学校在此办有特别训练班，便于蒋介石亲临训话。

有一天，特训班主任康泽到校，召集学员开会，特意介绍与之同来的江民声说："从今天起，江先生就是你们的政治教官，大家都要以他的言行为楷模。"

原来，复兴社头头儿康泽得知江民声在社会上颇有号召力，想拉他来为自己增光，并装点门面，于是再三聘请。江民声推辞不过，勉为其难。

江民声虽然只读过两年私塾，但他注重自学，尤其喜欢读报，平日字典不离手，遇上生字就翻一翻，然后烂熟于心。他又广泛接触过各阶层人士，留心众人的言论和消息，咀嚼一番后加以发挥，因而口才甚好。

初小文化的江民声，要给中央军校的大学生上课了，他却从容自如，不慌不忙，一觉睡到大天亮。

站到讲台上，江民声也不用讲稿，信口讲起他在东北时的见闻，标题为"浴血奋战的义勇军"，绘声绘色。受训的将校平日养尊处优，大多还未上过前线，结果听得目瞪口呆，下课铃响还意犹未尽。

第二次开课，江民声以"募捐见闻"为题，着重渲染各界人士踊跃捐款捐物的情况。当他讲到有些穷人摸出皱巴巴的小钞，递过来时还带有体温时，尤为动情，眼眶也湿润了。听讲的学员见江教官流泪，也跟着放声大哭，以致惊动了军校的训导组长。

第三堂课，江民声定的标题是"抗日必须团结"，立论是一支筷子易断，一把筷子难折，比喻生动，令学员们耳目一新。

几周课上过后，学员们对江民声都肃然起敬，老远就要立正行礼。其他教官对江民声也刮目相看，跟他称兄道弟。

但久而久之，江民声头脑中的"老本"倒得差不多了，翻来覆去都是那一套，学员们就觉得腻味了。同时，他自己也感到特训班的教材和宣传文章与抗日救亡相去甚远，军校也不是久留之地，便主动提出辞职。

此时，康泽也接到训导组的报告："政治教官江民声在讲坛上所称团结抗日，情多激昂，闪烁其词，颇有蛊惑人心之处。"康泽遂批准了江民声的辞呈。

在中央军校特训班任教将近半年，江民声收到480元钱，又有了点小资本。

组织难童自救救国

抗战全面爆发后，江民声撤退到武汉，此时国共合作，举国上下同仇敌忾，救亡歌声响彻三镇，使他激动万分。抗战的一天终于来到了，他绝不能袖手旁观。

华北沦陷，华东沦陷，涌入武汉的难民越来越多，啼饥叫寒。其中，有不少的流浪青少年，无以为家，食不果腹，江民声很想帮助他们。

某日，国民党中执委黄季陆来看江民声，问他愿不愿到政府里去做事。江民声说："本人无意入仕途，只想办一件实事，唯望黄委员大力支持。"

"江先生系社会贤达，要办什么事只管说。"

江民声说："我看各地逃来的难童日益增多，政府也管不了，我想把他们组织起来生产自救。"

黄季陆沉吟着答道："这倒是件功德无量的大好事，只是政府无力扶植。"

"我不需要公家出一文钱。"

"当真？"

"我江某说话算数。我唯一的要求，是请黄委员到有关部门美言几句，到时不要找我的麻烦。"

黄季陆点了点头，表示赞同。

江民声随即去到几个难民收容站，专挑半大不大的难童，发起成立了"擦皮鞋大队"，自任大队长。他用自己的积蓄购置了工具，无偿发给难童，亲手教他们学会这门手艺。

不久，"擦皮鞋大队"亮出旗号，在汉口摆摊设点，成员多达数十人。每个摊点都插着一些彩纸小旗，上书"自救救国""团结抗日""有钱出钱，有力出力""踊跃捐献支援前线"等口号，十分醒目。

武汉民众本来就同情这些小小年纪的难童，现在听说他们还附带为前线募捐，因而纷纷慷慨解囊，不管皮鞋脏不脏，都愿去照顾一下他们的生意。难童们靠自己的劳动挣到一碗饭吃，干得更卖力，自豪地高声招徕顾客。

少将擦皮鞋的新闻，不断在武汉各报登载，其中《大汉晚报》《新快报》的记述尤详，使江民声名声大噪。又有100多名难童加入"擦皮鞋大队"，江汉大道上的小旗越来越多，标语口号也越喊越响亮，浩浩荡荡，蔚为壮观。

1938 年 5 月，中国空军出动两架重轰炸机远征日本，散发了十万份传单以示警告，然后安全返航。这消息传出，国人精神为之一振。

江民声不失时机，亲自带队上街，发起"擦皮鞋劳军周"活动。看见空军将士就往藤椅上拉，不由分说，免费给你擦皮鞋，随军眷属打五折。武汉空战正激烈，空军将士上街的毕竟不多，于是难童们瞅见穿皮夹克的就当成是空军，拽住就不放手。

"擦皮鞋大队"的业务有了发展，江民声就将"自救救国"的口号付诸行动，每月定期将一笔捐款送交报馆代转前方。他还组织起"中国战时青年自救救国团"，设置"义卖募捐柜"，上书："向浴血苦战的抗日将士们致敬！"

平时擦皮鞋，每位一毛钱，义卖募捐时，三毛、五毛、一元不等。

有一次，一位阔气的年轻人坐上了江民声的藤椅，擦完鞋后就问："多少钱?"

江民声答道："我们今天是义卖活动，为前方将士募捐，你自己看着给吧。"

年轻的顾客又问道："莫非，您就是报上介绍的江先生?"

"我就是江民声。"

那位青年赶紧向江民声鞠了一躬，然后取出皮夹，把一叠钞票投进了"义卖柜"。

武汉各报又报道了"擦皮鞋大队"举行的这一系列活动，更多的难童要求加入，使其成员最高达 2000 余人。在擦皮鞋的行业史上，可谓是空前绝后的规模了。

在夹缝中求生存

1938 年 6 月下旬，日军攻占安庆，继而又连陷潜山、太湖，配合海军溯长江西进，武汉外围吃紧。不少公教机关忙着迁往四川，"擦皮鞋大队"却寸步不离。

一天，复兴社的桂永清又登门拜访江民声，见面便送上 300 元钱。

江民声颇感意外，因而动问道："无功不受禄，桂先生一下送来这样大一笔钱，不知是募捐，还是对江某另有差遣？"

桂永清打着哈哈说："江先生就惦着募捐的事，真是可钦可佩。这点钱是我个人送江先生的，不成敬意，请笑纳。"

送走桂永清，江民声直纳闷，他知道桂永清和康泽都是复兴社的头面人物。此人平白无故送钱来，必有所图，莫非，他们又要拉自己去军校特训班当教官吗？

这一疑虑，直到桂永清二度上门才解开。

原来，桂永清此时正受命组织"军委会战时干部训练团"，到处招兵买马。而汇集武汉的不少有为青年，受中共抗日民族统一战线政策的感召，争先恐后去跟八路军驻汉办事处联系，要求去延安。桂永清苦于完不成使命，想起康泽曾称赞江民声极有口才，便绕着圈子上门来，想请他为"战干团"招生作宣传。

桂永清送的钱，江民声收下了，但桂永清所提的聘请，江民声婉言谢绝了。他每天都看报，对时局、政治心中有数，"战干团"是与共产党争夺青年的，这种事他不愿干。

桂永清失望而归，江民声的麻烦也接踵而来。

过了几天，有全副武装的军官口称康泽有请，将江民声带到军委会第二厅去坐冷板凳。升任厅长的康泽不出来见客，却让手下一名科长来刁难江民声。

科长说："关于江先生组织的自救救国团这个名称，康厅长认为不切实际。擦皮鞋嘛，称作生产自救还可以，冠以救国，这个题目就有点夸大吧?"

江民声听了有气,便讥讽地回答:"名称不过是某个团体的代号,二厅何必看得如此严重,'救国'不好听,你们说改成什么名称才好?"

科长亦早已知江民声非等闲之辈,赔着小心解释道:"团体但凡取名,总要讲个信、达、雅。康厅长的意思,只要你们改个名称,我们就可予办理登记手续,使之成为合法社团。"

江民声听说可以成为合法团体,忍住气说:"好吧,我同意改名,叫什么都行。"

根据科长的建议,"战时青年自救救国团"更名为"战时青年生活互助社"。江民声借助合法社团的招牌,不仅组织难童继续擦皮鞋,还出售一些宣传抗日的进步报纸杂志,如《全民抗战》《群众》《七月》《救亡日报》《烽火》等。互助社赚来的款项,一半捐献给前方,一半用于订制大批棉背心,分发给收容所的难童。

10 月中旬,日军前锋逼近武汉,枪炮声隐隐可闻。撤退的军民众多,交通工具供不应求,全靠招商局轮船公司的关心,江民声带领的"擦皮鞋大队"方才得以搭上轮船,平安入川。

以退为进

那是一个艰难的年月,武汉、宜昌先后失守,日军轰炸机像挥之不去的苍蝇,成天轰炸下川东和重庆。成千上万的难民涌入四川,寻找安身之处。

"擦皮鞋大队"好不容易到了万县,盘缠即已告罄,又陷入饥寒交迫的境地。江民声心内如焚,硬着头皮去叩当地《万州日报》的大门。

报馆社长刘孟航古道热肠,立即派记者前往采访"擦皮鞋大队",次日见报,算是免费为江民声打广告。

但万县比不得武汉，擦皮鞋的顾客相当有限，难童们仍然摆不脱困境。江民声灵机一动，将他们编为小分队，分别到附近的忠县、云阳、开县、奉节等地活动。

在江民声的率领下，"擦皮鞋大队"深入川东各地，除擦皮鞋、卖书报外，还演出救亡题材的街头剧、活报剧。他们以"反对投降、坚持抗日""严惩汉奸卖国贼""还我东北、打回老家""安内必先攘外"等作为宣传口号，把抗日宣传搞得轰轰烈烈。

国民党万县县党部起了疑心：这些口号相当"左"倾，江民声到底是个什么人？他们秘密调查"擦皮鞋大队"的活动，并上报省党部，省党部复函明令禁止。于是，万县当局以"账目不清""扰乱治安"为借口，下令取缔"擦皮鞋大队"，并监视江民声。

1939 年夏，江民声被迫离开万县，来到陪都重庆，谋求新的出路。他找到几位原"救协"的熟人，沟通了一下情况，才知道重庆对社会团体管制得更严，动辄就给扣上一顶"红帽子"，强迫解散。在上海可以公开活动的"救协"，迁到重庆后已名存实亡。

江民声气愤地说："当初请我当教官的是他们，允许'合法'是他们，如今要取缔我的也是他们。"

回到旅馆住了几天，同来的小助手就向江民声报告，他们上街外出时，行李被人动过了。他开始还不相信，直到发现旅馆内真有可疑的面孔出现，才明白是有人盯梢。

重庆的情况如此险恶，他深感祸至无日，又想到上百难童还在川东各地等他安排，不禁愁肠百结。他个人的得失荣辱不要紧，但千万不能连累了信赖他的孩子们。

那一夜，江民声在卧榻上辗转反侧，难以入眠。他想来想去，决定以退为进，个人宣布"下野"，以避免居心不良者对难童的迫害。

7月20日，重庆《大公报》以显著位置，刊登了《江民声紧要启事》：

本人在武汉为救济流亡青年，呈报政府组织"战时青年生活互助社"，以擦皮鞋及贩卖抗战图书维持生活，并将有余之款贡献政府。武汉吃紧时乃奉第九战区总委会之命，沿江西上至渝，并在各地进行抗战宣传。

民声日前来渝，目睹敌机轰炸之惨状，为求社员之安全计，乃在长寿资遣新旧社员。本社暂时停止宣传工作，以前所发社员证章及一切有关文件，自登报之日起，一概失效。除呈报政府备案外，特此登报周知。

发布这一启事后，江民声避往邻近重庆的长寿县，分散各地的社员见报后也来此集中。他讲明解散团体是迫不得已，但大家今后可以分散搞，保持联系互相帮助。他还告诫社员们不要忘记自救救国的主张，不要做对不起国家民族的事情。他向社员们分发了资遣费，与难童们互道珍重，挥泪而别。

江民声虽已离去，"擦皮鞋大队"却并未垮掉。

秋冬之交雾季来临，日军轰炸机找不到目标，故而不来重庆骚扰。窒息了一个夏天的陪都，顿然又焕发了生机，大小店铺一齐开张，洋鼓洋号奏得震天价响。

在繁华的都邮街、大梁子、华华公司、国泰电影院旁，这些日子出现了不寻常的景象，那就是擦皮鞋的难童猛然增多，随处可见。最引人注目的是，他们每个人的工具箱上都插着彩色小旗，书写着抗战标语，远远望去犹如一条五彩斑斓的长龙，使得不少路人欣然驻足擦鞋。有关部门也很快收到难童们的零星捐款。

闻名遐迩的"擦皮鞋大队"席卷陪都。重庆的报刊报道了这一消息。其中一家晚报的特写写道："当一些大腹便便发国难财的阔佬们，对捐献义卖一毛不拔的时候，这一群为'足下增光'的难童们，把自己的劳动所得慷慨捐献。他们才是高贵的人。"

黑名单上的人

重庆卫戍总司令部稽查处给江民声罗织了两大罪名："鼓吹攘外为先，与共党遥相呼应""操纵幼稚难童滋事，有碍陪都观瞻"。其时，最高当局正在发起第一次反共高潮，治安部门不敢掉以轻心，乃通知各地军警打听江民声的行踪，不久就有了下落。

江民声并未走远，他带着两名年幼的难童，跑到重庆上游的江津县，住在一家简陋的旅馆里。难童擦皮鞋为生，江民声经营报刊发行。

从前江民声有过璀璨的辉煌，如今他却甘愿隐姓埋名，过着清苦的生活。在他看来，卖书报是传播知识，是发育自身，也是造福社会。他一向热衷读书，故而身处陋室而恬然，飘逸小城而自得其乐。

每隔一段时间，江民声就到重庆开明书店、生活书店、新知书店等处进货，弄回一批禁销和滞销的书刊。设在江津的国立九中是从沦陷区迁来的，内有以皖籍为主的学生数千人，大多当过难童，听说过江民声其人。江民声送书上门，又是减价供应，因此大受欢迎。卖书之余，他又进行抗日宣传，口若悬河，吸引了莘莘学子，差点忘了上正课。

得知江民声下落，重庆中统"实验区"奉命调查，并派人跟踪，发现江民声每次来渝均未与红岩村、周公馆有何联系，只是到几家书店提货。分析来分析去，中统方面认定他在哈尔滨时即与共产国际有联系，来头不小，几次去香港显然是领取苏俄津贴，乃电令江津县特委会严加防范。

　　但重庆卫戌总司令部稽查处碍于江民声的名气大，不敢贸然为难他，只派去一名稽查监视他。殊不知江民声天天与稽查打照面，朝夕相处，久而久之还混熟了。那个稽查也是山东人，出于老乡之情，悄悄给江民声打招呼说："江先生，小心点，上面说你是'国际共产党'，只要你一活动，就可以抓你。"

　　江民声听了哭笑不得，爱国有何罪？也要被扣上"红帽子"，这个社会实在可怕。他气愤不过，本想赴渝申诉，但转念一想，跟那些浑蛋也说不清楚，不如敬而远之。恰好江津县长换人，他急中生智，上门拜访新任的罗县长说："据传贵县的保长训练班即将开学，鄙人打算运一批《总理遗教》《三民主义》等书来发行，求罗县长开具介绍信，便于与该班接洽。"

　　他拿到了县长的介绍信，又去弄了几本销不掉的《三民主义》来当"门神"，从此门前清净，特务也不来找碴儿了。

　　难童们没有忘记"大队长"，他们虽分散各地，却时常来信来人，嘘寒问暖，使江民声十分欣慰。

好人一生平安

　　八年抗战胜利，民主浪潮迭起，江民声又来到重庆，到沙坪坝南开中学、南温泉清华中学等处出售书报，并应学生会邀请作演讲。

　　他又站在讲台前了。他的生涯冷暖酸甜，际遇万千，许多同学都想听一听，他却闭口不谈。他谈的是东北义勇军中的英雄人物，有的毁家纾难，投身救亡；有的揭竿而起，转战在白山黑水之间；有的孤身行刺日寇，与其同归于尽；有的舍生锄奸，气冲霄汉。那已逝去的历史画面，经他慷慨道来，具有极大的感染力，令同学们无比激昂。

南开中学校长喻传鉴说："江先生虽长期从事擦皮鞋、卖书报之业，但他不失忧民之心，振国之志，真是难能可贵，警世骇俗。"

言抗战，必然要涉及东三省的丢失，检讨起来，回避不了"攘外必先安内"的事实，自然会触动当局的伤疤。于是，军统方面又给江民声挂了号。

未几国共和谈破裂，内战爆发，寒凝大地，囚车四出捕人。

江民声在重庆立脚不住，乃潜回江津，重操售书旧业。当地开明士绅夏仲实系民革成员，知道江民声是好人，多方加以关照，使之安然度过了黑暗的岁月。

1949 年冬重庆解放，江民声不再躲躲藏藏，公开来到山城，呼吸自由的空气。人民政府了解他的过去，对他作了妥善安排，让他在文史馆做研究工作。他宝刀未老，时刻不忘教育青少年，得到众口一致的好评。

王门 "国术队"

岳少男　孙捷　郭文峰　张文兴

河南省新乡市有一支武术队，在每年该地举办的元宵节娱乐大会上曾屡屡获奖，它就是王门武术队。

王门武术队的前身——王门国术队，是一支具有扎实武术功底的勇猛强悍的队伍。早在 30 年代初，他们曾参加新乡专署、省会开封举办的武术擂台赛，多人榜上有名。抗日战争初期，这些血气方刚的中华男儿又参加了抗日部队，奔赴前线，在苏北鲁南一带与日本侵略者多次交手，立下了赫赫战功，因而闻名遐迩。他们中有的人光荣牺牲，有的人杳无音信。至今幸存者有田良、李永贵、罗文周、汪学思等五人，均已成了白发苍苍的耄耋老人。

威震卫水之滨

民国初年，王门村张鄂的伯父张有才，投师新乡县花园村武林高手范普安习武。张有才体高力大，又博学众长，不仅练就了 "百步阴锤"

等过硬本领，而且学会了气势逼人的"黄龙转身"，这套功法如果用得准，可使百步之内的对手心颤身倾，一命呜呼。在张有才的影响下，王门村不少人爱好练武，逐渐形成一支武术队伍。

这支武术队拿手的是岳家拳。岳家拳古朴无华，桩沉步稳，势劲力猛，快速紧凑，既有御敌攻防之利，又益于强身健体、延年益寿。据田良老先生回忆，练功的时间和场地都有一定的要求，必须选在夜深人静之时，隐蔽恬静之处。他说："我们练功多在午夜后黎明前，到空旷的僻野去练。练功还要坚持'净身'，不行房事，才能出功夫，出成绩。范师傅经常告诫我们：'练武艺为的是抑恶扬善，除暴安良，防身健体，所以自己绝不许做坏事、恶事和丑事！'"

范师傅教练武功标准很高，十分严格，比如要求徒弟们练拳的目标是要能在井口上发功，使三丈深的水面溅花打旋才算到家。

范师傅的功底很深，有许多动人的传说。比如一天夜里，范师傅与家人刚刚入睡，朦胧中觉察到屋顶上有咯咯喳喳的响声。他说："不好！房上有人。"便翻身抓起一丈九尺长的绳鞭，占据门槛，朝屋檐上猛扫过去。随着鞭响，扑扑通通掉下几个罩眼蒙脸的人来，一个个伏在地上连连求饶。经盘查，原来是山东响马慕名到此打探虚实的。

起先，王门的武术队都由范、张二人单身传授，以后改由范普安的儿子范同文、范同斌执教。范同文有文化，教过书，文武双全，又讲江湖义气，每年村里及方圆左近都有大批青年来拜师学艺，少则二三十人，多则四五十人。尽管有些人坚持不下来，但师傅始终循循善诱，每节套路皆指导规范，要求严格，又有完整的拳谱套词，所以长年累月，持之以恒，终究培养了一大批武功高强的青年。王门国术队在新乡县北、专署腹地渐渐有了名声，以至威震卫水之滨。

打擂载誉而归

名师出高徒，勤奋出成果。1935 年 7 月初，王门国术队选派了张鄂、许垒、田良、李清香、李文显、李庆功、许天棚一行七人，去参加新乡专区举办的武术比赛盛会。这批选手刀枪棍棒、擒拿格斗样样娴熟，能攻能守。

当年，会址设在新乡县城东关饮马口教场，这个广场非常宽阔，面积约 300 余亩。广场中间摆下圆形擂台，高五尺有余，直径约五六丈，是聚土成堆夯砸而成。台上用白灰涂了圆圈，比赛时把对手打出圈外者为胜。擂台一边设有更衣棚，参赛人赛前都要到这里换上黑色棉耳帽、黑衣裤，还要戴上棉手套。擂台北边是主席台，背北面南，上面悬挂着"第四专署国术比赛"的横幅。在台上就座的有主持人新乡专员公署专员唐肯等，还有范普安、郭志军二位裁判。擂台四周排列着专署所辖 14 个县的武术代表队，五六百人。围观群众里三层外三层，人山人海，场面十分热烈隆重。

比赛项目主要是拳术、刀术和枪术。为了安全，所用器械均非真刀真枪。"枪"，用白蜡杆代替，一头缠扎布疙瘩，涂白灰粉；"刀"，也用木棍代替，缠布头，涂白粉。拳击双方必须戴棉手套。击中部位也有严格限制，不准打脸和心口，也不准撩裆，上场赛手只按个头高矮编组进行，不分重量，不记时间，三局两胜制。比赛程序是先拳术，次枪术，后刀术。

开赛时，王门张鄂对坛后李文海。他俩势均力敌，劈锤太平拳交互使用。劈锤力如泰山压顶，劈杀冲腾似猛虎下山；太平拳曲脚横撞，躲闪腾挪如蛟龙翻滚。双方斗了三个多小时不分胜负，被评为双胜。枪术决赛，许垒没几个回合胜了李庆功。田良使用守根扳梢战术，最后一手死鸡拧头击败对手……擂台四周人头攒动，掌声、笑声、喝彩声此起彼落。大赛结果，张鄂荣获冠军，李文海亚军，许垒第三名，李庆功第四名。大会组委会颁发了大量奖品，计有县党部锦旗一面，铁道部银盾一个，还有朱仙剑一口、大刀两把、单刀四把、虎头钩一对、玻璃匾一块。选手们个个精神抖擞，一时间，群情激昂，场面极为热烈。

王门的乡亲们听说自己的国术队载誉归来，个个喜形于色，奔走相告，立刻组成欢迎队伍迎接到南地四里外的十字路口。为了庆贺武术队大赛胜利，乡亲们专门从辉县接来戏班，唱了三天大戏。从此，青年们习武的劲头儿更大了。

第二年春天，许天棚、许垒、张鄂、李清香等人又赴省城开封，参加了河南省举行的武术大赛。许天棚刀、枪、拳、棍各单项武技均列榜首，只可惜武打赛后还要一次文化考试，他却一个大字不识，结果屈居亚军。

从戎奔赴前线

1937 年冬，日本侵略军沿京汉、京浦两线猖狂南侵。国民党政府为补充兵员，既征兵又抓丁，王门国术队的青年大都在被征之列。当时，适龄男青年都必须参加抓阄儿，一旦抓住立即入伍，而大户人家有钱有粮，即使应召也可以拿钱买壮丁代替。这时，范同文、范同斌也在招兵买马，穷徒弟们感到在家乡终究也不能存身，还不如跟着自己的师傅，一来有个依靠照应，二来家人比较放心。他们就这样在民族生死存亡的紧要关头，离开了养育自己多年的家乡和父老乡亲们。

他们在新乡被整编入豫北国民党二十军团十三军一一〇师下属的三营九连，因为这连人大都会武术，就叫 "国术队" 或 "国术连"。当时招人的豫北司管区负责人说 "咱们绝对不过黄河"，但刚刚换上军装，队伍便沿铁路南行，跨过黄河，到达巩县。部队到汝州时正是大年三十，驻扎十余天后又向东开去，经许昌、周口和安徽涡阳至江苏荣城，徒步行军千余里。不久，即乘火车北上，过徐州深入抗日前线。这时日军飞机频繁轰炸，大炮不断轰击，还断续有机枪、步枪的射击。

上级原来许诺，上前线的每个士兵要配备一支步枪，一支手枪，一支明条枪（白蜡杆红缨枪），四颗手榴弹。但因运输线被炸断，武器装备均难接济，每人只发给一支红缨枪和四颗手榴弹，便匆匆上阵了。一路上鸡犬不闻，人影不见，沿途屋舍残垣断壁，弹痕累累，一片惨象，目不忍睹。此情此景更增添了人们对日本强盗的无比仇恨。

血战韩庄车站

1938 年农历二月二十日前后，上级命令三营九连夜袭日军盘踞的一个据点——徐州以北约 50 公里处的韩庄车站。晚 9 时，他们悄悄接近了车站外围的第三道铁丝网，正要埋伏隐蔽时，日军似发现了情况，轻重机枪不停地扫射。他们趴在地上，一声不响，一动不动。据参加正面冲击的八班班长李永贵回忆："密密麻麻的子弹疯狂地向我们飞来，掠过头顶，甚至擦过耳旁，啾啾作响。几个战友牺牲了！待枪声稍一停，连长下达了攻击令。一声'冲啊！'四周战士霍地跃起，奋勇冲杀。连长范同文挥起战刀，首当其冲，一纵身跃过两米高的铁丝网，冲入敌群，跟敌人白刃厮杀起来。他虽个头不大，但很敦实，勇猛果敢，我亲眼见他战刀一挥，鬼子人头落地。日军眼睁睁看着面前这位勇士，像受惊的野狼只顾架隔截拦，招架躲闪，举枪盖头，争相后退。杀了一阵后，我们暂时退出阵地，只见连长浑身是血，头上、脸上、手上沾满了脑浆血迹，只有两只忽灵灵的眼睛在夜幕中闪烁。他气喘吁吁，断断续续地说：'可累坏我了！'我说：'你可杀死不少。'他说：'总有一二十个。'这时，各路兄弟班排攻杀正酣。他不顾疲惫，立刻又冲了进去，可再也没有出来!"李永贵说到他自己:"我也冲上去跟鬼子交上了手。其中一个家伙用带刺刀的长枪向我直冲,我趁机挥起白蜡杆红缨枪,一个劈枪下去,迎面朝他枪托上一震,将鬼子的枪打落下来。他掉头就跑。我想着他手里已经没家伙了,还追他干啥,于是就掂起他丢下的盖板枪退出了战场。"

同李永贵一起冲进去的司务长许振汉,武艺高强,勇敢机灵,手脚麻利,已经扎死了好几个日本兵。可是,他撤退时却有一个鬼子兵尾随追来。就在日本兵快追上他的刹那间,许振汉猛然掉头挥枪直捣那家伙胸膛,弄了他个仰面朝天,不能动弹。事后,战友们都称赞许振汉这一手"回马枪"用得好!

"国术连"攻击的另一个突破口,是铁道西侧的外围小炮楼。日军吓破了胆,没放几炮便弃楼而逃,炮楼里只剩几条长枪和少量弹药。一排战士汪学思回忆说:"我们乘胜追击,越过几道铁轨,把鬼子挤到售票房门口,短兵相接混战起来。由于我们地理不熟,在伸手不见五指的黑夜里,敌人一个个钻进了脚下的地道。我们发现了道口,用手榴弹像雨点般地往里炸。地道并不深,上面仅以枕木覆盖,我们几个勇士跳下去,尾追刺杀,捅的鬼子叽里哇啦乱叫。可惜这地道弯弯多,有些鬼子兵还是从另外的道口逃命了。"

"国术连"美名流传

攻克韩庄车站不久,全军奉命追击日军一股坦克部队,三营九连仍打头阵。他们午饭后出发,日本兵闻风丧胆,依靠乌龟壳狼狈北窜。我方一直追赶了一个昼夜,行程百余里,收复了许多城镇和村庄,日军几乎一枪没还。正当大家士气旺盛乘胜追击时,上级不知为什么下了撤退令。士兵们很不服气,纷纷埋怨:"谁下的命令,不叫打了,也不叫收缴武器，龟孙子！"

嗣后统计，全连官兵死伤大半，其中连长阵亡，班排长也大部分牺牲，放哨的二排六班仅剩两人。此后，又换了两任连长，但都不敢带领三营九连，说："他们尽是师兄弟、父子兵，人心齐，有武艺。"后来，上级决定把这个连拆散，有的被编入别的连队，有的到后方集训，从此威震敌胆的"国术连"不复存在了。可百里村民一时间街谈巷议，到处都在赞扬"三营九连"有勇气，有本事，打得好，解了恨！说他们杀了鬼子威风，长了百姓志气。

有一天，李永贵他们在一个乡村小饭馆吃饭时，几个老乡看他们身穿军服，便问是哪一部分的，"三营九连的"。他们回答。那几个老乡马上伸出拇指连连称道："你们武艺好，打得痛快！这一下可把狗日本给治痛啦！"

后 记

历经了几十年的沧桑历史，当我们几经周折找到这几位当年擂台上一展雄风、沙场上冲锋陷阵的勇士时，当年他们经历的幕幕往事历历在目，记忆犹新，言谈中无不流露出对日寇的无比仇恨与蔑视，他们用自己的亲身经历教育着一代又一代人。

三营九连中王门人在韩庄车站战斗中牺牲的有汪守琚、张克威、许垒三人；负伤后在送往后方的途中被日军空弹炸死的有张鄂、张香二人；调别的连队后一直无音信的有罗志周、贾文明等三人；送后方后无音信的有张文来、张文成二人；采访时健在的有李永贵、罗文周、汪学思、许天顺（迁外住）四人，参加了一一〇师而未上火线的有许天棚、李清香二人。田良未参加抗战。

他为抗日献出五位亲人

——记模范教师任瑞卿

亦　斌

山东省平度市的教育事业久享盛誉，尊师重教相当有名，这是风气。在开风气之先的各色人物中，人们首推山东省政协委员，16次参加地、省、全国先进工作者会议，五次进京见到毛主席，多次被刘少奇、周恩来、朱德等党和国家领导人亲切接见的全国模范教师、一级小学校长任瑞卿。

1890年12月20日，任瑞卿诞生在平度县旧店区北黄同村一户贫苦农民家中。靠父兄勒紧腰带和亲友竭力相帮上了几年学。下学后，他甘当教书匠，教穷孩子们识字做人。有钱有粮，教；无钱无粮，自带干粮尽义务也照常上课。因为不屑阿谀奉承，选上了校长又被除名；伪乡长多次以高于教学数倍的薪金聘他从政，他殚思竭虑地推辞。在战乱频仍，旱涝不收的艰难岁月里，他带着学生挖一篮子野菜上一节课。他一顶毡帽冬御风雪夏遮雨，出差开会当枕头，一件棉袍过了冬春撤掉棉胎当长衫。直到1956年进京出席全国先进工作者大会，抽烟仍用火石打火，连火柴也舍不得用。他自奉俭约，但接济了很多穷学生。至于中华人民共和国成立前有多少穷孩子靠他资助上了学，他为多少学生买过书墨笔纸、衣帽鞋袜，以至买药治病已无法统计。只知道他为此经常入不敷出，"寅吃卯食"。仅 1954 年秋，他就为 18 名学生代交了学费。79 岁离休时，又将 1000 元安家费全拿出来修建了校舍。

抗日战争爆发后，任瑞卿参加了平度县抗日联合政府组织的教师集训，在县长罗竹风的帮助下进步很快。1941 年 2 月 7 日，52 岁的任瑞卿光荣地加入了中国共产党。在敌伪"铁壁合围""分进合击"的反复拉网扫荡中，有些学校停课了，有的教师辞职了，而任瑞卿却带领几名教师把学生组织起来，扮成进山剜菜、打柴的，坚持学习不停课。在一年多时间里，他帮助 11 个村办起民校和识字班。北黄同村的妇女识字班三十多名学员经过学习，能识 1000 多个字。

群众发动起来了。任瑞卿的次子任宝鼎担任了青救会长，侄儿任宝兰担任了民兵队长，儿媳王桂明担任了妇救会长，女儿任宝莲担任了青妇队长。区委设立情报站，他又推荐长子任宝璋干……在抗日战争最艰苦的年月里，任瑞卿一家 18 岁以上的 24 口人中，有的参军，有的参政，有 15 人先后加入了中国共产党。

罗竹风和县区抗日干部经常在任瑞卿家住宿歇脚。这天，旧店区宋区长被日军堵在任瑞卿家。宋区长怕连累乡亲，要拔枪突围。任瑞卿拦住他说："都是为抗日，谁连累谁？"

日军把任瑞卿拉到院里，先是用皮带抽，后用麦草点着烧他的下巴颏，胡子烧光了，眉毛燎焦了，脸上炙烤出大泡，钻心的疼痛，火气呛得他喘不上气来，但他总不改口："烧死我也是那句话——他是掖县来买猪的！"

折腾了半天，时已过午，日军只好把任瑞卿丢在院里，带上宋区长走了。任瑞卿顾不得治疗伤痛，赶忙打听日军的去向。当了解到是莱阳日庄据点的日军来抓走宋区长后，才暗暗松了口气。他知道三两天内日庄的日军还不一定能掌握平度这一带情况。事不宜迟，他带上几块干粮边吃边走，孤身一人赶到日庄据点，以全家性命作保，把宋区长救出虎口。

日伪军将抗日教师恨之入骨，咬牙切齿地号叫："抓住一个教师，胜过十个八路！"

沙埠完小的校长是个伪军营长的父亲，在校15名教师多是他的亲友，经常对学生进行奴化教育。通过地下工作关系，任瑞卿打入学校担任了教导主任，以合法身份巧妙地对学生进行民族气节教育，激发学生的爱国热忱。年底，校长向一百多名毕业生宣读了丈岭伪军军官学校招生广告，学生们面临着人生道路的抉择。一时间，个别学生为名利有些犹豫不决。任瑞卿趁热打铁，利用为村民写春联的机会挨家做工作，告诫那些学生：切莫做遗臭万年的吴三桂，一失足而成千古恨！

春节过去了，丈岭伪军军官学校没招到一个学员，不久只好散摊子挑灶。而西海区的西海中学却接收到几十个报考的沙埠青年。

战争是残酷的。仅1942年一年，任瑞卿参军参政的儿子、侄子、孙子、女婿中就有五个为民族解放壮烈捐躯。一个个噩耗传来，似铅块坠心，但没动摇任瑞卿的抗日意志。烈士们的坟土未干，他把眼泪一抹，又对小儿任宝锡说："18岁了，参军去吧！去给你哥哥、你姐夫和千百万烈士报仇去吧！"

任瑞卿一家的模范行动感召了大泽山区千万民众，仅170户的北黄同村就有130人参军参政。

离南墅据点很近的北庙东村小学因敌人频繁洗劫被迫解散，六十多名学生失学。任瑞卿毛遂自荐，要在敌人刺刀下把学校重办起来。为保证学生的安全，任校长让离校远的学生每隔几天回家取一次干粮。南墅据点的日军听说北庙东村中心小学复课了，非常恼怒，五十多名日军由伪军带路，连夜偷袭住校师生。因夜黑天阴，山间岔路多，扑朔迷离走错了方向，未能得逞。为防御敌人的袭击，师生们不得不改变原来的办学方法。他们在多汪山选择了一条隐蔽山沟，挖了两个山洞，垫上干沙，铺上干草，洞口用刺槐遮掩，供男女师生住宿。这样，在敌人长期连续扫荡中，学校始终没停课。山上不能轻易点火，冬天啃冷干粮、夏天却只能吃容易发霉变质的干粮；没有油灯，只好拾些干松枝插在石缝里点燃照明……在这种艰苦的条件下，任瑞卿时时为师生们的安全、生活和学习操心。冬天，他睡在洞口为师生们挡风；夏天，他把割来的山椒草拧成火绳点燃为师生们熏蚊虫；敌情紧张时他经常彻夜不眠，在山头上站岗放哨。师生们随时将抗日英雄事迹编成文艺节目下山宣传演出。课余时间还开垦了四亩荒地，收获了几千斤粮食，解决了办学经费。在 1944 年 10 月到 1945 年 8 月 15 日日军投降这十个月时间里，北庙东村小学不但没停课，还由原来的两个班扩大为三个班，由原来 60名学生增加到 80 多名，在当时确是奇迹！

这期间，抗日民主政府缺干部、缺教师，由山洞小学输送；上级号召青年入伍，山洞小学的青年积极响应……有近 30 名学生在这里参军参政。

早在青年时代，任瑞卿就是个"新派人物"。他对让学生读死书的教育方法怀有切肤之痛。他曾因拒绝教"四书""五经"而被解聘；也曾用新法教学与因循守旧的学校对着干，直至顶垮了那所旧学校。

至今，人们还记得 1948 年秋，任瑞卿响应党的勤工俭学号召，靠40 斤谷子白手起家，创建马瞳小学的经历。十年校长任上，他带领师生用土坯垒桌凳，打石头建校舍，使一处只有三个空教室、六张残桌的学校扩展到能容纳三百多名学生的八个教室、两间厨房、四间教师宿舍的完全小学。为跟上时代步伐，不当外行，他刻苦钻研业务，自强不息，用过硬的本领提高教育质量，真正做到又红又专。为教好数学，他不耻下问，向自己的学生求教："要像当年我要求你们那样严格要求我！"

晚年他虽患了眼疾，但批改学生作业却经常通宵达旦。孙子送来早饭他才发觉天亮了。他既是教师、校长，又是公务员：冬天，他早起为教师烧洗脸水；夏天，他把较凉爽的宿舍让给别人，自己搬到伙房睡；教师家中生活有了困难，他倾囊相助，送去自己的工资；学校没有炊事员，他这个校长一兼三年整……

1956 年在县城召开的有四百多名教师参加的表彰模范教师的大会上，与会者有三分之一是他教过的学生。双目炯炯，长髯飘飘的任瑞卿与他的几个学生一起登上领奖台。县教育局为他们合了影，称他们为师徒模范。他被称为"太老师"的佳话不胫而走。

1956 年 4 月底，任瑞卿出席了全国先进工作者会议，教育部副部长叶圣陶到宾馆看望了他，并征求他对教育工作的意见。翌日《人民日报》发表了叶圣陶撰写的文章，介绍了任瑞卿忠诚于党的教育事业的先进事迹，号召全国小学教育工作者向他学习。周恩来总理在接见他时关切地说："任校长，感谢你，为我们的革命事业培养了接班人！"

十年动乱，教师成了"臭老九"。他身处逆境，忍辱负重，犹以耄耋之年坚守在教学岗位上，为年青一代做出了威武不屈的示范。这期间，一位姓刘的教师调到外地工作了几年后回家探亲。下车后，她没急于先去与倚门相望的父母见面，竟背道而驰，先来看望日思夜想的任瑞卿："没齿难忘啊！生我养我的是父母，教我做人的是任老师！"

1979 年 1 月 23 日，任瑞卿的教读舞台上的帷幕慢慢降了下来，他的生命像支燃烧着的蜡烛，挥发尽最后的一分热，一分光，静静地熄灭了。弥留之际，留下了一段耐人寻味的话："我多么想再尝尝当年那蒜拌苣荬菜呀！唐朝薛令之当了太子侍读，饭桌上还不断哩！薛先生曾为此连发感慨。后人便把清苦的教读比喻为'苣荬风味'。其实，苣荬是养人的，有什么不好……"

任瑞卿那为救国教书、为育人授课的执教业绩，严于律己、推己及人的高尚品格，将与他那用生命谱写下的《苣荬歌》，令后人仰止，代代传唱！

黄镇与《长征画集》

———

张义生

　　一部再现红军二万五千里长征壮举的艺术珍品《长征画集》，出版25 年后才找到真正的作者，他就是从戎马生涯到外交场上洞察风云，并又一直酷爱行书作画，被人们称为将军、外交家、画家的老红军黄镇同志。这本画集又是在举世闻名的长征中，唯一留下的一本画册，距今已有半个世纪，成了我国美术史上宝贵的历史资料。这本难得的画册能够一直保存下来，其中还经历过一段极不平常的周折。1938 年战斗在上海孤岛上的阿英同志，收到一批画稿，他如获至宝，因为当时我们的国家正遭受日本帝国主义最残酷的侵略，沦陷区的群众极需要巨大的精神鼓励，阿英与热心的朋友们即冒着极大风险，出版了这本画集。他们原以为作者是肖华同志，直到 1958 年再版，请肖华同志为画集重印写序，这时才知道初版的序传误了。这本画册并非肖华同志的作品，当时肖华同志托人把这批画稿带到上海。作者到底是谁？肖华同志也记不起来了。根据分析，画集的作者可能是红军第五军团中做宣传工作的同志，于是出版社的同志又四处寻访。1961 年黄镇同志从国外归来，李克农同志向他提到这个画集的事，这才引起黄镇同志的回忆，证实了这些画是他在艰苦的长征途中，随手拾来的一些大小不一的杂色纸片，即兴画下的一卷画图。就这样，这本画集经过 25 年之后，才找到真正的作者。

《长征画集》是伟大长征真实的片断生活记录，它既是真实的革命史料，又是难得的珍贵艺术品，黄镇同志与千万个红军战士一起，突破敌人围追堵截，经历了人间罕见的艰难险阻，胜利完成了二万五千里长征，创造了历史上罕见的奇迹。黄镇同志在战斗的路途中，用笔画下一幅幅感人的历史场面，反映了红军战士的革命乐观主义精神，也记录了红军经过的少数民族地区的风土人情。画集中一幅幅景象，把人带到终年积雪的夹金山，茫茫无垠的大草地，恶浪滚滚的大渡河，荒无人烟的密林篝火……

画集第一幅，画的是一位年过半百的老同志，戴着深度近视眼镜，不管白天或黑夜，左手提马灯，右手执手杖，昂首挺胸走在红军队伍之中，他就是老当益壮的林伯渠同志。林老与徐特立、董必武、谢觉哉同志，都是德高望重的老人，他们不仅指挥、战斗在全军最前线，也生活在广大指战员身边，给大家以极大鼓舞。黄镇同志正是抓住这一点，画下了林老与红军战士们夜行军的形象，真实感人，给人以力量，正如此画的命题，林老是"夜行军中的老英雄"。

画集中的另一幅"川滇边干人之家"，则是以极大的同情，揭示了群众悲痛的生活。黄镇同志当时与部队进入一个小村里，发现这里的穷人每天吃不上一餐饭，十五六岁的大姑娘只好赤身裸体地躲在老父亲的背后，回避生人的目光，他们住的小楼空荡荡，只有小小火塘燃起微微的火光。当时黄镇同志与红军战士们纷纷把自己一点食物与几件衣裳，送给了群众，正是根据亲身目睹和感受，黄镇同志把穷人悲苦生活，如实记录在画纸上。

《泸定桥》描绘的则是大渡河上铁索桥。这座桥古为川康交通要道，长 100 米，桥高 15 米，由 13 条固定在两岸的铁链组成，其中九条并列，上面铺上木板为桥面，行人走在桥上，桥会左右摆动，若俯首桥下无底深渊，则会令人毛骨悚然。当年红军通过这座桥时，敌人用两个团的兵力扼守桥头。在敌人枪炮密集封锁情况下，由红四团的廖大珠连长，率领 22 名英雄组成的冲锋队，以大无畏的自我牺牲精神，在我方火力掩护下冲上铁索桥。黄镇同志生动地记下了这个血与火的伟大场面，历史的真实与艺术的巧妙构图，使人产生许多联想，更加敬佩红军。

在这本画集里，无论是《渡湘江》《遵义大捷》《安顺场》或是《翻夹金山》《草地宿营》《到了岷县哈达铺》等，作者都是以饱满的政治热情、娴熟的笔触、粗犷而又感人地勾勒出一幅幅亲身经历、亲眼目睹的场面，没有过分的虚构与装饰，因此随着时间的推移，愈加显出它的真实与可贵。正如黄镇同志自己所说，在长征中什么事最感动他，他就几笔把它记录下来，然后即塞到书包里。长征二万五千里，他走一路画一路，大约也画了 500 多幅，但现在只保留下如此 24 幅。黄镇同志在长征中，开始背的是个土布包，每次把画装在包里，遇到刮风下雨，包里包外全湿透，太阳出来，书包又很快被烤干，因此他的挎包时湿时干，包里的画也就模糊皱褶难以保存了。有一次王右平同志知道了情况，即把自己的挎包送给了黄镇同志，这样才使黄镇的画得以保存下来。那时候用笔与墨也是十分困难的事，用墨多数是把锅灰刮下来制成的，笔则靠打土豪缴获来的，或用银圆与小商人换来的，至于画纸就更简陋，都是些杂色纸，有的是群众祭神用的黄表纸，有的是写对联的大红纸，有时找不到纸，黄镇同志只好在石壁上，或破门板上作画。

黄镇同志是安徽桐城县人，从小受一位擅长书法的老先生影响，耳濡目染，爱上了书画，曾考上上海美术专科学校，后来又转到新华艺术大学，学过绘画和戏剧。1931 年 12 月，他参加宁都起义。到了红军部队，他负责过文化宣传工作。他曾与一些领导同志上台演戏，在大型话剧《杀上庐山》中，他扮演过蒋介石。演出效果很好，当时周恩来同志正患打摆子病，穿着大衣坐在台下看戏，高兴得笑个不止。1934 年中央苏区在瑞金召开第二次全国苏维埃代表大会，黄镇同志专门画了一幅巨画庆祝。这幅高三米、长十多米的油漆画，题为《粉碎敌人的围剿》，给大会增添了不少喜庆的气氛，引起代表们极大兴趣和好评，并得到过毛主席的表扬。红军离开中央根据地后，敌人蜂拥而来，放火烧掉了瑞金大礼堂，黄镇同志的巨幅油漆画也付之一炬。长征开始时黄镇同志调总政治部工作，1935 年 6 月，一、四方面军胜利会师后，黄镇根据三万多名红军巧渡金沙江，蒋介石部队赶到江边，只拾到一只破草鞋的故事，编了个独幕剧《破草鞋》，赞扬毛主席用兵真如神。这个戏演出时受到一万多观众热烈的鼓掌。《破草鞋》的情节直到中华人民共和国成立后，还为一些反映长征内容的节目所引用。

红军到达陕北之后，黄镇同志调到十五军团当宣传部长；在八年抗日战争与三年解放战争中，他也一直没离开过宣传工作，业余时间一直没断过作画；直到中华人民共和国成立，他才离开部队，转到外交战线上，出任大使。

望着再版后的《长征画集》，黄镇同志谦虚地说，他的画，远远没有充分表达伟大的长征，仅仅是留下一点点笔迹墨痕，画下一点生活的纪实，他也从来没有想到辑集出版，更想不到画集经过一番坎坷还留传至今。是的，这本画集的存在，应该感谢肖华同志，感谢 30 年代上海的《风雨书屋》及阿英等同志，虽说仅仅只有 24 幅，但它成了唯一的《长征画集》，随着岁月的流逝，它会显得更加珍贵，更加光彩夺目。

苏联航空大队长牺牲在汉江边

姜维翰

苏联志愿航空队来华支援我国抗日，是在抗战初期国民政府自南京撤退以后，从 1938 年 6 月至 10 月进行的武汉会战时开始的。这次会战是抗战初期中国投入兵力最多、战线最长、坚持最久、牺牲最大的一次战役。战场遍及皖、赣、豫、鄂四省，配备兵力一百余万人。这也象征着国共合作抗日的高潮。中国共产党的代表参加了在汉口召开的国民参政会，一致通过了《抗战建国纲领》，作出了保卫大武汉的决定。周恩来同志出任军委会政治部副部长，郭沫若同志也担任了军委会政治部第三厅厅长的职务。当时，英美各国对日本侵华持观望态度，而且断绝了对中国的一切援助。

就在这个紧急关头，苏联政府派来了顾问团和苏联志愿航空队。在武汉会战中，这支志愿航空队在武汉上空与日寇飞机进行空战，一次就击落击伤日本飞机二十余架，沉重打击了日本侵略军的嚣张气焰。当时我正在武汉，曾参观了坠毁敌机的残骸展览。这大大鼓舞了广大群众与日寇血战到底的斗志。当时的武汉，到处都是"有钱出钱""有力出力"抗敌救亡的高亢歌声，群众性的抗战高潮一个接着一个，军民同心，浴血奋战，使敌人付出了极为惨重的代价。虽于 10 月 25 日撤出武汉，但仍坚守武汉外围，使敌人无法南下打通粤汉铁路，也无法溯江而上继续西进。这种局势一直持续数年之久。

当时坚守长江上游的部队为二十六军，军长是萧之楚，他是山东省菏泽县人，是一位红脸大汉。1939 年春冯玉祥视察江防对官兵讲话时，曾把他比作当年守荆州的"活关公"。萧之楚还兼长江上游江防副司令及宜昌警备司令等职。他驻在宜昌，所属三个师及直属部队四万余人，隶属第六战区司令长官陈诚指挥，陈当时还兼任湖北省主席，驻恩施。

我于 1939 年 5 月调到这个军的四十四师任军医处处长。师部驻沙洋，守江汉前线。当时前沿阵地均建有防守工事，与日军阵地隔江对峙。只有零星战斗及敌我飞机互相过境轰炸。在后方宜昌、重庆都驻有苏联顾问团。苏联航空志愿队驻重庆、川东各基地。当时这支航空志愿队拥有飞机 500 架，驾驶员 800 人，如有损失随时补充。这时敌机不时飞往重庆轰炸，苏联航空志愿队的飞机也不时飞往武汉轰炸。

1939 年 10 月间的一天上午，秋高气爽，从汉江对面远处飞来一架受伤的飞机，看不清机身标志，倾斜急飞，未能过得江来即坠毁在对岸。驻军一三一团竟以"在阵地前击落敌机一架，落于汉江对面"上报，师部即用电台转报上级。不久，即接重庆空军总部电告：这架飞机是苏联航空志愿队派往汉口执行任务，返航时被敌人击中坠毁的。机上有志愿队上校大队长艾罗申柯等二人。饬令该师将遇难战友无论死活均须设法抢回。师长立即召集一三一团宁团长传达命令，当即决定由 20人组织一个抢救突击队，于当晚乘木船三艘连夜过江执行任务。这个团是有偷渡经验的，他们深知敌军在夜间都集中在碉堡内睡觉，只在碉堡近处设有岗哨。飞机坠毁地离碉堡较远，且在江边。突击队当晚即将艾罗申柯尸体及部分飞机残骸运回团部，敌人未曾察觉。另一志愿人员未曾寻到，后闻受伤后被俘。

重庆军委会接到偷渡成功的报告后，即电令四十四师，略称：该师最初对坠机判断错误，但能及时完成抢救任务，特电嘉奖，并发奖金一万元。着将尸体妥加棺殓，候派员追悼处理。一三一团即将尸体消毒，棺殓停放于沙洋以西的枣林岗村的一座庙里。入殓时见死者身上尚穿着写有"来华助战洋人，军民一律保护"字样的大坎肩，这是为了驾驶员跳伞时恐当地军民误加伤害而特制的。

第三天，重庆军委会、苏联航空志愿队总部及苏联顾问团的代表在二十六军副军长冯兴贤的陪同下，由宜昌乘车到沙洋师部，察看了飞机残骸，即由师长、团长、参谋长及各处处长（我也包括在内）来到枣林岗村庙内开追悼会，向遗体告别。当时见遗体尚完整，系摔伤致死。苏联代表按规定将死者头发一束及一些指甲剪下来，以便转交给死者家属留念。然后就近葬于村外，立碑石为记。抗战胜利后，又移葬于汉口解放公园内的苏联航空志愿队烈士陵园，至今陵园完好如初。

我参加了莫斯科保卫战

———
杨醒夫

1935 年，党组织派我到苏联海参崴中国列宁学院学习。在学习期间，我加入了共产主义青年团，并担任该校团委书记。1939 年德国法西斯发动侵略战争，战火不断蔓延，苏联政府和人民正竭尽全力准备对付即将来临的大战。

卫国战争开始

1941 年 6 月 22 日（星期日）黄昏时分，夏日的晚风不时从海边吹来，沁人心脾。海参崴市列宁大街上，人们摩肩接踵热闹非凡。汽车的嘈杂声，人们的欢笑声，不时还夹杂着年轻人的高谈阔论和喧哗声，一切都显示出和平居民无忧无虑、安居乐业的欢快与和谐的生活景象。我和一位同事准备到市公园去游玩，正信步走在大街上。约 7 点钟时，街上的有线广播突然响了，广播员用急切的语调告诉人们有重要消息要报道。片刻，传来了苏联外交人民委员莫洛托夫铿锵有力的声音，他代表党和政府向全国人民宣布："1941年6月22日拂晓，法西斯德国背信弃义，不宣而战，突然进攻苏联。党号召苏联人民奋起捍卫自由和独立，捍卫自己的社会主义祖国。我们的事业是正义的，我们必胜！"大街上的喧闹顿时停止了。许多人停止走动，站在扩音器下侧耳静所。宣战书和战争的消息使人们的欢笑声和愉快的目光消失了。每个人都知道战争意味着什么。我的同事小声对我说："战争开始了！"

在回家的路上我思绪万千。大战开始了，我年轻，又是一级预备役，估计很快就要被征入伍。假如日军暂时不进攻苏联，那我先要与德国法西斯去拼搏，如果苏联能打败德国法西斯，驱逐日军出中国的问题就不难解决了……反正一样，都为了消灭世界人民的死敌法西斯！回国的念头暂时被打消了。

1941年6月29日，苏联党和政府提出：动员全国力量同侵略者作斗争，在短期内使国民经济转入战时轨道，整个国民经济要为战争服务；动员和重新分配物力、财力和人力，以保证前线需要；使民用工业部门转轨生产军工产品，尽量增加武器、弹药、坦克和飞机的生产。

1941年7月3日，国防委员会主席斯大林在广播中阐明了伟大卫国战争的正义性质。他说："每个苏联人的神圣职责就是保卫祖国。在前线要英勇顽强，在后方要忘我劳动。"他号召工人、集体农民和知识分子"一切为了前线！一切为了胜利！"

1941年6月22日宣布动员有服兵役义务的人加入红军，并规定征募1905—1918年出生的人入伍。宣布进入战时状态。到7月1日前应征入伍的达530万人。

6月26日，海参崴市兵役局把我叫去。该局负责人说，苏德战争开始了，在远东，日本法西斯也可能动手。国防委员会命令全国总动员，你是一级预备役，应当入伍，保卫祖国。现在你把这张履历表填一填，等命令前来报到。对此我在思想上早有准备，对德日法西斯的极大义愤和仇恨，使我早想与他们拼一拼。"战场上见！"我暗自对自己说。

7月初，滨海边疆区军事委员会命令："一级预备役少尉杨醒夫应征入伍。"市兵役局负责同志对我说，根据舰队司令部要求，我们研究决定，你仍在外文培训班任军事教员，军衣和武器到你们单位后勤部门去领。

太平洋舰队外文培训班35岁以下身体健康的男教员都陆续应征入伍，司令部举办新入伍军官海军业务培训班，我也参加了。主要学习海军常识，并到基地和军舰上参观访问。结业后进行测验考试，发给结业证书。

在德国进攻苏联之前，日军在中国东北有48万名官兵，到1941年9月，关东军的数量已增到100多万，部署在中苏边界，妄图待机进攻苏联以解决"北方问题"，即侵占苏联远东和西伯利亚的绝大部分地区。考虑到远东的紧张形势，苏联被迫在远东保持40个师的兵力，而这些兵力在苏德前线是十分需要的。为了应付突然事变，滨海边疆区军事委员会和太平洋舰队作出专门决议：建立游击战的作战组织，在游击区储备武器、弹药和粮食，并准备在可能被占领地区组织党的地下活动，配合正规军打击侵略者。

太平洋舰队积极进行战斗准备，保持高度警惕。有时进入一级战备，多次进行防空演习和急行军操练。我们经常全副武装睡在办公室。

1941年秋，出于战争需要，苏联海军各舰队曾组建25个海军陆战队旅（其中12个由太平洋舰队和红旗阿穆尔河（黑龙江）区舰队的军人组成），编入诸兵种合成集团军。9月底，希特勒德军对莫斯科发动总攻，莫斯科情况十分危急。国防委员会下令调七个海军陆战队旅去保卫莫斯科，其中太平洋舰队和阿穆尔河区舰队就派去了四个旅（第六十

四、六十二、七十一、八十四旅)。

太平洋舰队外文培训班教职员工参加陆战队旅的有校长莫·克雷洛夫上校（任六十三旅旅长），年级主任两名，教员和机关军官及士官共20多人。8月底，该校政委尼古拉耶夫中校找我谈话："德国法西斯逐渐逼近莫斯科，首都处于危急之中，国防委员会指示我舰队组成12个陆战队旅，干部很缺，你年轻力壮，受过军事训练。我们研究决定，派你去参加陆战队旅工作，可能很快就上前线作战，你有什么意见？"我说："我早就有思想准备，没意见。服从组织分配，尽力完成任务！"他又说："那很好，把工作交代一下，做好准备。后天到市郊19里地独立第六十四旅旅部报到。"

第二天早晨，我乘郊区火车到19里地旅司令部报到。参谋长苏什科夫少校接待了我。他翻了翻花名册对我说："你到三营二连二排任排长，连长瓦西利耶夫海军上尉是你校军事教员，你们熟悉。排里战士多半是才入伍的新兵，你们要抓紧时间进行队列训练，尽快掌握武器，做好一切准备。"他派一位参谋送我到连部。连长瓦西利耶夫见到我，十分高兴，他热情地欢迎我来连队工作，并把我介绍给连指导员别利科夫中尉。他们带我到二排驻地同班长和战士们见了面。

第六十四旅刚组建完毕，干部是由舰队抽调的，兵源主要是刚入伍的新兵。旅长为莫·奇斯佳科夫上校，政治委员是团级政工干部伊·图利诺夫；旅下属四个步兵营、两个炮兵连（反坦克炮连和迫击炮连）、一个机枪连、一个通信排。每个步兵营有三个步兵连，每连有三个排。全旅共1500多人。

我很快地熟悉了兵营里的情况和有关人员，掌握了苏德战争开始后才装备部队的迫击炮、冲锋枪和反坦克枪等新式装备。军训是按计划进行的，上午是队列操练，下午由我和班长给战士上兵器、打靶、投弹等课。部队生活虽然紧张，但全排战士精神饱满，斗志昂扬，迫不及待地想奔赴前线杀敌。

保卫莫斯科

10 月初国防委员会命令独立海军陆战队第六十四旅立即开赴前线执行战斗任务。在全旅动员大会上，旅长宣布了国防委员会命令和开拔计划。政委在简短的动员报告中说："10 月初德军已接近莫斯科，首都处境危险，需要我们迅速奔赴前线，与兄弟部队并肩作战，坚决粉碎德国法西斯的进攻，保卫莫斯科，解放沦陷的国土！"

三天后，全旅乘军用专车奔赴莫斯科前线。火车行速是很快的，但由于沿途要向兵站供应点领取食品，火车多次调换车头，也耽误了不少时间。一共走了 12 天，我们才到达了莫斯科北面 60 多公里的扎果拉斯科南郊七公里的宿营地。它是莫斯科的第二道防线，是布琼尼元帅预备队方面军重新组编的第二十集团军驻扎地。我旅是最高统帅部调拨给该集团军的。

1941 年严冬来得比往年早半个月，10 月中旬莫斯科区域就大雪纷飞了。野地、高丘、灌木林和一望无边的帐篷都被厚厚的白雪覆盖了。凛冽的北风呼呼地吹着，在外面值勤的战友们的鼻子和面颊冻得通红。为了防备敌人频繁的空袭，集团军司令部命令全军处于特级战备，夜间进行灯火管制，禁止随意燃点篝火。尽管天寒地冻，但全体官兵仍士气高昂，随时准备奔赴第一线与德国侵略者进行战斗。

11 月底，敌突击集团先头部队的小股兵力，推进到莫斯科河—伏尔加河运河，并在伊克沙以北雅赫罗马地域强渡该河成功，情况十分危急。为了解除面临的危险，苏军最高统帅部和西方方面军首长把两个预备队集团军与第二十集团军调到雅赫罗马以南地域，加强第十六集团军的防御和实施反击，第一突击集团军则被调到德米特罗夫以南莫斯科河—伏尔加河运河一线，与第三十集团军防线相接。

我旅经过一整夜行军于11月28日凌晨进入前沿阵地，加强第十六集团军红旗师部分阵地的防御。我旅防御正面为四公里，防坦克支撑点和防坦克地域由旅炮兵连进驻。交接完毕后，连长瓦西利耶夫传达了营的阻击任务。连长刚交代完任务，德军的炮火准备已经开始。榴弹炮、迫击炮炮弹不断倾泻到我们的阵地上。我们急忙各回自己阵地，准备应战。十几分钟后敌人的八九辆豹式坦克出现在我们的阵地前，向我营防御地带冲来。我防坦克支撑点的火炮开始急射。我是第一次参加战斗，心里有些紧张，但当看到跟在坦克后面、号叫着"希特勒万岁！"的法西斯匪徒时，强烈的仇恨心理使我很快镇静了下来。冲上来的坦克有的被我炮火击毁，有的触雷不能动弹。冲上来的步兵，在我们猛烈的火力下，死的死，伤的伤，剩下一部分只好夹着尾巴撤了回去。德军的进攻被击退了。

战斗结束后，我排防御阵地前摆着九具德军士兵尸体。我排两名战士阵亡，五名受伤。

27日落了鹅毛大雪，积雪足有半尺多深，气温下降到零下16摄氏度，整个大地似乎都被冰雪凝结住了。雪原上最显眼的是那坟墓上的十字架和一丛丛的枯草及蓬蒿。北风呼啸着，好像连心都要被吹凉了。战友们不分昼夜蹲在战壕里，每天还不一定能喝上一点热汤热水。睡觉时用毛毡裹在身上，落在帽子上和衣领上的雪，从脖子上滑进去常常把人冻醒。在这冰天雪地里，唯一可以取暖的东西是伏特加酒。因部队毡靴和皮袄供应不足，我们仍穿着海军呢子大衣和皮鞋，不少同志被冻伤，我的两脚冻得肿起来，行动都有些不方便了。

29日晚我旅旅长奇斯佳科夫上校传达了第二十集团军首长库罗奇

金将军的命令：明日凌晨我旅协同集团军部队在彼得罗夫将军的机群掩护下实施反突击，向前推进 5～7 公里，占领敌人第一道防线。旅长命令各连队今晚做好准备，带足弹药。

第二天天刚刚发亮，法西斯军队密集的炮火就向我阵地袭来，品字形坦克编队在敌机配合下向我阵地逼近。

此时，在阴沉沉的天空中，闪现出我方反突击的信号弹。我军炮兵开始齐射，榴弹炮和"卡秋莎"火箭炮炮弹闪电般腾空而起飞向进攻的敌人。集团军第五十七师坦克部队在我空军战斗机群掩护下向敌人坦克编队冲去，开始了一场激烈的坦克战。旅长命令我们跟随坦克冲击。这时，飞机坦克的轰鸣声、炮弹的爆炸声和团团硝烟弥漫了整个战场。当我们看清密集的德国鬼子时，我连连长高喊："为祖国，为斯大林，冲锋！"我端着冲锋枪跑在前面带领全排向敌人冲去。短兵相接，枪声、喊杀声交织在一起。经过近半小时的激烈战斗，敌人抵挡不住我军强大的反击，被迫边打边退，两挺轻重机枪架在倒塌房子的残垣上疯狂地向我排扫射。两位战士中弹倒下，我们的前进暂时受阻。我下令卧倒匍匐前进。一班班长西多连科中士主动从侧面灵活地匍匐接近敌人机枪火力点，在我排轻机枪火力掩护下，他把手雷猛地向敌人投去，随着轰隆的爆炸声，哒哒的机枪声戛然而止。我排冲了上去，与友邻部队一道收复了这个小村落。

这次战斗持续到中午。我旅向前推进了 5～6 公里，收复了一个居民点。敌我双方损失都不小，人员伤亡很大。我连在这次战斗中歼灭敌人 30 多名，缴获机枪两挺、冲锋枪十余支，迫击炮一门，我排反坦克手科马罗夫击毁了一辆坦克。三排排长牺牲了，我连连长负了重伤，我右腿被弹片炸伤。我排七名战士为国捐躯，13 人负伤。

战斗结束后，负重伤的连长已送医院治疗。旅长命令一排排长特鲁申中尉升任连长。营长叫我同伤员一起到野战医院治疗，排长职务由一班班长西多连科中士代理。

12月初，我旅政委图利诺夫来到野战分医院看望我们。他对我说："敌人的进攻已被阻止，我军向前推进了20多公里，正在准备大反攻。最高统帅部有指示，特种兵专业人员可归队。我们研究决定，因你的伤还没好，派你回舰队。你这次参加作战完成任务较好，尽到了自己应尽的责任。过几天我旅有十几名伤员将由专人和医务人员护送回舰队。你们连长伤势很重，可能要截肢，生活不能自理。我们已向集团军申请授予他一级卫国战争勋章。你们是一个单位来的，你去集团军野战医院看看他，多照顾他一些。"

重返海参崴

12月中旬，我旅13名伤员从集团军野战医院驻地罗波恩亚乘火车回远东。到了晚上，疾驰的列车像是知晓乘客的心情似的，刚进入莫斯科市郊区就减慢了车速。我睁大了眼睛望着苏联首都——莫斯科。茫茫的黑夜，加上严格的灯火管制，使我看到的只是模糊的城市轮廓。高大建筑物仍隐约可见，红场上几个塔楼上面的红宝石大五角星已用黑布裹上了。街上的车辆和行人稀少，笼罩着一种寂静的气氛。早就向往的莫斯科，在车窗前闪闪而过了。

第十一天列车到达了终点站海参崴。到站台来迎接的有太平洋舰队军事委员扎哈罗夫中将和伤员单位代表十多人。外文培训班政委尼古拉耶夫中校和新任的校长伊万诺夫大尉来接我们。我见了他们，好似见到了久别的亲人，激动得热泪盈眶。政委讲了几句鼓励话。我说，瓦西利耶夫连长左腿截肢才20多天，每天需要换药，要住院治疗。我的伤口基本愈合，只是行路不大方便。政委亲切地说，你先在家养伤，要尽快恢复健康。

第三天外文培训班召开欢迎会，欢迎我校从前线归来的同志。在会上，我代表归来的同志致辞，主要谈了莫斯科保卫战的概况和战友们的英雄事迹，受到与会同志的热烈欢迎。

我亲身参加莫斯科保卫战的经历前后计三个月，至此便告结束。

抗战中，一次秘密的中英空军情报合作

邱沈钧口述　丁绪曾整理

在第二次世界大战期间，中国人民浴血奋战，捍卫了祖国的神圣领土和主权，为世界反法西斯斗争，做出了不可磨灭的贡献。有的战斗在硝烟弥漫的战场上，打击侵略者；有的则战斗在无形的战场上，从事着"特殊战斗"……请看，这是一份从未公开披露过的史料——

太平洋战争爆发后的第二年，即 1942 年，国民党政府的电讯情报技术人员，应英国政府邀请，前往加尔各答，协助英印空军，抗击日本侵略者。这次中英空军情报合作涉及电讯侦测的保密性，在战争结束以前，没有向外透露，加以当年参与其事的人不多，以至战后 40 年来，未见报道，濒于失传。我是亲身经历这一合作全过程的人之一，现就回忆所及，写出来，以供参考。

对日机来去了如指掌的侦译工作队

七七事变后，蒋介石被迫对日作战。1938 年。蒋介石的机要秘书毛庆祥，在武汉正式组织研译人员，开始研译日本军用密电。1939 年，军统头子戴笠在军统局成立了一个密电组，聘请美国密码专家亚德雷任该组顾问，以日本军用密电为对象，进行研译。1940 年 4 月，蒋介石把在重庆的国民党各派系从事密电侦收和研译工作的七个机构合并，成立了军事委员会技术研究室，集中人力、物力、财力，加强密电情报的侦译工作。

在军事委员会技术研究室成立以前，大约在 1939 年 10 月前后，军统局密电组组长魏大铭，从军令部获得一份侵华日本陆军航空队电台使用的通讯密件，这是从兰州方面击落的日机中缴获的，内有日本陆军航空队空对空和空对地的无线电通讯联络规定，是我们侦收侵华日本空军无线电通讯的重要线索。因此，密电组就在重庆复兴关（原名浮图关）附近的徐家坡设置专门电台，按图索骥，开始侦收日本空军的通讯。1940 年春，这个侦收电台已能抄收到日本侵略军以山西运城为中心的陆军航空队和以武汉为中心的海军航空队电台发出的密码电报，这是侦译日本空军密电通讯的开端。

1940 年 4 月，这个侦收台同密电组编并于技术研究室，我任技术研究室第三组第一科科长。侦收台抄收到的密电，均送技术研究室第二组（日文密码研究）研译。6 月间，第二组破译了部分在华日本空军空对地和空对空的密码电报，从中获悉日机活动动向，专供重庆国民党空军司令部参考利用。

为了加强情报的时效，技术研究室把徐家坡侦收台扩大改组为对日空军电讯的侦译工作队。这是一个能独立搜集日本空军电讯情报的机构，它具备电讯侦收、密电研译和情报研判等全部职能，将有价值的情报，不失时机地通知空军指挥当局利用。侦译工作队建立后，国民党的电讯侦收技术情报工作，从破译简单的中文密电，发展到研译比较复杂的日文外交密电，从单纯搜集日本外交密电情报，发展到用电讯侦收和密电研译相结合的方法，有效地截收日本空军电讯情报。

在国民党空军将领中，最重视电讯侦译情报的，是曾任航空委员会空军总指挥的毛邦初。1940 年日本空军大举轰炸重庆期间，其轰炸机编队，一般都有战斗机配合，同时来袭。国民党空军战斗队，曾与日机零式战斗机相遇，吃过大亏。毛邦初按照蒋介石指示，凡遇敌机来袭，驻渝空军飞机，必须避战逃离，保存实力。但是，在指挥上却发生了难题，如果飞机起飞太早，在空中逗留过久，有油尽迫降之虑；倘若起飞迟了，就有被炸或击落的危险。毛邦初依靠重庆工作队的电讯情报，根据工作队截获的敌机位置和动向，下令飞机及时起飞和适时返航，敌来我去，敌去我返，不受损失。日本飞机频繁轰炸重庆，侦译工作队对敌机的来踪去迹了如指掌。凡当年在重庆居住过的人都能记得，每逢日机来袭，总是先后发出"预行""空袭""紧急""解除"四种不同的警报，使全市军民及时进入防空洞，躲避日机轰炸，这四次警报，就是工作队在不同时间，根据从日机的无线电通讯中获悉的敌机所在位置和航向而发出的，所以正确可靠。

"威尔士亲王"号和"却敌"号的沉没，使英国信服了中国情报的威力

毛邦初升任航空委员会空军总指挥，他立即呈准蒋介石，由技术研究室成立一个新的侦译工作队，专门配属成都空军总指挥部，负责全面搜索侵华日本空军的活动。1941 年 7 月，技术研究室代主任毛庆祥指派我出任成都侦译工作队队长。9 月间新队编组完成，从重庆前往成都，10 月初开始工作，约一周后，即掌握了侵华日本空军的主要通讯网。

10 月下旬，侦收机上突然发现日本空军通讯联络繁忙，情况异常，

结合译出的密电内容，判明日本侵华空军部队分两条路线南调：一路以华中、华东的日本海军航空队飞机为主，经上海、广州南去；另一路是华北、东北的日本航空队，经我国东北，越过朝鲜济州岛上空，向日本本土飞去。这样的大调动，历时一个星期左右。从此以后，侦收机上转趋沉寂，工作队原来掌握的侦译对象大部消失了。经与空军总部参谋处研究，判断日本空军正在南进。于是工作队扩大侦收搜索范围，集中注意距离远、声音微弱的日本空军电台信号，终于在日本空军偷袭珍珠港的第二天，侦获了原驻武汉的日本海军航空队为主力的敌机出击活动。

12月10日晨8时许，发现日本海军航空队侦察机一架，在新加坡东北海面上空进行搜索。根据该机发往基地的密电内容，知道它正在监视着海上某舰艇的行动。但由于距离过远，收听情况不良，信号十分微弱，时有时无。9时后，这架侦察机的信号完全消失，也听不到其他与此有关的动静。直到下午1时许，才听到了日本海军航空队重轰炸机群的信号，领队机向基地拍发的密电内容，已是战果的详细报告。这说明日本轰炸机群早在午前已经出动，下午3时以后，战斗基本结束。在这两个多小时内，工作队截获敌机发给基地的密电，约十六七份左右。根据破译密电的内容和日军空对地通讯联络透露：

——日本驻西贡方面的海军航空队，在侦察机的搜索和监视下，出动了重轰炸机群，在马来亚半岛以东的海面上，炸沉了英国主力舰"威尔士亲王"号和巡洋舰"却敌"号。当时工作队破译的密电中，日机向基地报出的是"乔治五世"号，这是日机上人员一时观察的错误，因"威尔士亲王"号，属"英王乔治五世"级五舰之一，五舰外形相似，由高空俯瞰，不易区别而造成差错。

——从日机通讯中的电台呼号数量估计，出动的飞机有100架左右。

——根据日机通讯联络中的种种特征，证明这次出击的重轰炸机，有一部分是原来驻在武汉，曾经空袭重庆的飞机。

——密电中有几份专门报告这两艘战舰中弹后的情况，如落弹部位、何处着火、舰身如何倾斜、舰首开始上翘和舰上人员东奔西跑等情景，都作了极其细致的报道。

——在所有译出的密电中，并无关于双方空战的内容，说明英国这两艘巨舰是在没有空中掩护的情况下被炸沉的。

工作队将译出的电文逐一通知空军总部情报科，并由总部报告重庆转告英国大使馆。当时，英方不相信英国皇家海军这两艘无敌的战舰，竟会轻易地被日本空军击沉，更不相信中国人有能力截获那样遥远的情报。可是就在这时，东京广播电台大播大鼓地向全世界公布了这项"赫赫战果，辉煌胜利"的消息，这才使英国政府在震惊之余，不得不信服中国情报的正确可靠。

在中英空军情报合作中，戴笠并不高兴

英国"威尔士亲王"号和"却敌"号两艘主力舰被炸沉后，日军立即在马来亚半岛登陆，轻而易举地从后门打进新加坡，接着攻占了缅甸，直叩印度大门，首当其冲的就是加尔各答。

惨重的教训，使英国人清楚地看到要加强空中防御，守住印度，必须加强电讯侦译工作，掌握日本空军情报。但要建立一个确能截收日本空军情报的电讯侦译系统，决不是一年半载可以办到的事。国民党军在侦（电讯侦收）、译（密电研译）日本空军电讯情报方面成果显著，引起了英国的重视。英国政府于 1942 年 5 月向中国政府正式提出要求，派遣中国电讯情报技术人员，前往加尔各答同英、印空军情报部门合作，进行侦译日本空军情报的工作。

　　蒋介石接受了英国政府的要求，当即指定掌管军事情报业务的军令部第二厅厅长杨宣诚主持其事，同英方进行协商。中国政府同意派遣侦译人员前往加尔各答，同英、印军合作。

　　当时，对日空军电讯侦译业务，已由军事委员会技术研究室移交给航空委员会主管，所以，组筹赴印度工作队派遣事宜实际上由航空委员会主办。1942 年 3 月，成都成立了一个综管侦译日本空军情报业务的专门机构，为了保密，定名为航空委员会空军监察总队，下设临察区队，负责各地区侦译工作。原属技术研究室的成都工作队，改番号为第三监察区队；重庆工作队改番号为第二监察区队，移驻昆明；又另建第一监察区队驻重庆；第四监察区队驻洛阳；并计划在东南地区筹建第五监察区队。同年 8 月间成立赴印度工作队，番号为航空委员会第六监察区队，属航空委员会建制的空军情报机构。可是，它在组织派遣上出现了"一国三公"的局面。一是军令部第二厅负责对英方的谈判，代表中国签订协定，英方始终认定第二厅厅长杨宣诚全权在握，殊不知杨只不过是奉命行事，实际上对此项工作无权过问；二是航空委员会是主管机关，负责全队人员薪饷、器材供应和空运等事项，但缺少人事支配权；三是赴印度工作队部分侦译人员是军统局电讯训练班出身，军统局有权推荐人，戴笠就凭此干预赴印工作队的编组工作和出发事宜，以至最后插手破坏中英合作。

　　军统局第四（电讯）处处长魏大铭把亲信倪耐冰推荐给航空委员会，担任第六监察区队队长。倪耐冰早年在国民党上海国际电台工作，是无线电讯的老手，但对电讯侦测和密电研译是外行，所以决定增设副队长一人，由我担任。1942 年 5 月，倪耐冰先去加尔各答同英方取得联系，布置区队到达后的工作和生活事宜。国内区队的编组和出发工作，则由我来办理。我于 6 月间离蓉赴渝。航空委员会指定重庆空军第一路司令部协助进行编队工作和办理出国手续。为了便于行文办事，我以第一路司令部名义同技术研究室、军令部第二厅、军统局和英国大使馆等机构联系，解决有关区队人事、经费、器材、出国护照以及空运赴印度等一系列问题。8 月间完成了编队事宜，全队 30 余人集中在重庆上清寺空军招待所，待命出发。

先期去加尔各答的倪耐冰于 7 月间来电，告知区队赴印度的工作和生活均已安排妥当，英方希望尽快前往。于是，我们准备 9 月初起程，航空委员会于 8 月下旬把区队编组和准备出发的情况，分别通知了军令部第二厅和军统局，并征询他们对区队出发日期的意见。军令部第二厅厅长杨宣诚专门接见我，询问区队编组情况。可是，军统局的答复：戴先生（军统一般称戴笠为戴先生，不称局长）准备接见区队全体人员，待日期确定后再行通告。出乎意外，9 月初的行期已过，未得戴笠的接见通知，经多次向军统局催询，答复戴事忙，抽不出空来接见，到 9 月底仍然无消息。

倪耐冰在印度数月，得不到区队赴印的确切日期，英方又催促，他只好飞回重庆，弄清究竟。倪回渝与我们见面后，经仔细商量，决定由他分别向杨宣诚、徐康良和戴笠汇报，强调英、印军方因印缅边境情势吃紧，急切要求区队尽快赴印，配合对日作战，指出如再拖下去英方很可能直接向蒋介石催询。并借此促使各方面对戴笠施加压力。倪照此办理，果然见效。

戴笠在各方面的催促下，不得不于 10 月中旬邀请区队全体人员到他的公馆共进午餐。公馆离军统局本部不远，环境很隐蔽，是一座偏僻的小洋房。席间戴笠边吃边讲，他对英国人深恶痛绝的一些话至今不难忆及。他说："英国人是世界上最出名的老奸巨猾。你们去印度，与英国人打交道，一定要事事处处留心，态度要硬，决不可软，应寸步不让，否则就会吃亏，上他们的当。"他还说："英国人外强中干，实在不中用。英国佬不到半年就被日本一脚踢出了香港、马来亚和缅甸，难道他们这次会坚守印度，能守得住吗？我就不信。"他接着又说："你们到印度要机警些，看形势不好就赶快回来，不要到头来，他们扔掉你们先逃跑了，你们还莫名其妙哩！"最后，戴笠着重嘱咐倪耐冰，在印度如遇到重大问题，必须向他请示报告，不得延误。

我事后了解戴笠之所以一再拖延接见区队人员，目的是在破坏这次合作。戴笠在抗战初期，约 1939 年，由重庆去香港在启德机场下飞机时，被香港警务处扣押，拘留了 20 多个小时，后经在港的军统人员多方营救和国民党外交部交涉才释放。他回到重庆后，在军统局的纪念周会上大骂英国人，说把他关押在一间又脏又臭的小牢房里，是英国人有意打击、侮辱他，是他终身难忘的奇耻大辱。这次英国要求合作，他当然反对，只因蒋介石同意，才不敢公然反对，却在暗地里捣乱破坏。

在加尔各答，中国航空第六监察区队的 300 余件情报，使英方震惊了

1942 年 10 月 24 日，全队人员携带电讯器材和有关侦译参考资料，从重庆直飞昆明，再从昆明分两批乘飞机到达加尔各答。区队队部设在加尔各答市的东北，一个名叫皇后公园的地区，属军事禁区。我们在禁区的中心地带，是一幢很大的两层洋房，前面有大片草坪。当我们到达驻地时，英方已准备好西厨，供应西菜，每天五餐。日子久了，大家吃不惯，特别是侦收值机人员连续守听，不能中断，五次饭点，对工作带来不便，于是就改吃中菜，由航空委员会驻加尔各答办事处物色中国厨师，英方负责支付工资。区队人员除薪金按月向航空委员会驻加办事处领取外，住、食、行三项所需，均由英方负责供应。

区队和办事处之间，只限于正副队长和办事处主任可以互相往来，办事处其他人员不能随便前往区队。与区队有联系的是中国驻加尔各答总领事、军统特务陈质平。区队原则上不接待外客，只有两个人例外：一个是曾任重庆空军第一路副司令兼参谋长徐康良，途经加尔各答特地到区队看望我们一次；另一个是中国驻印度武官杜武，路过加尔各答访问了区队。

英方和区队的联系限定两个人：一个是英印军东方军区空军指挥部情报处处长福尔克纳上校，是和区队联系的主要负责人；一个是英方驻区队的联络官佩特少校。另有区队专用车驾驶员两人。福尔克纳向我们介绍他们驻加尔各答侦译工作队有 150 人左右，成立不久，还没有掌握到日本空军的通讯联络网，他希望中国工作队给予必要的帮助。

加尔各答毗邻缅甸，是日轰炸机航程之内的印度东部大城市。我们侦收台开始工作时，把日本海军航空队的电讯作为重点搜索对象。经过几天的侦听，仅能偶然听到极其微弱的信号，无法抄到完整的电报。这说明并无日本海军航空队飞机的频繁活动，因而转向以日本陆军航空队为目标。不久，我们侦得了在缅甸的日本陆军航空队通讯网，与我们掌握的资料比较，电台呼号结构和使用波段等改变不大，唯有密电的密码组织已变动。在中国战场，日军认为国民党军不可能破译他们的密电，特别是空军密电，所以一贯使用简易的移位密码法。现在的对手是美、英两国，日本的空对地和空对空通讯，就不用移位密码法，改用地面部队使用的加乱数法密码。这是当时保密性很强的密件，使我们在研译上增加了难度。不过，我们截抄到的密电是三数字组，乱数表本较薄，经统计分析，乱数组也不多。在研译人员的努力钻研下，终于把这种密码破译了，从译出的密电中，及时掌握了敌情。

自 1942 年 11 月至 1943 年 10 月，区队在加尔各答工作期间，侦获日本驻缅甸陆军航空队的情报约300件以上。凡有时间性的情报，随时逐件译成英文，送交英方驻区队联络官佩特少校。例如日侦察机发给基地的侦察报告，其中有搜索海面舰艇情况、印缅边境英军活动和各地气象资料等；日轰炸机的出击活动，在缅甸西北部印缅边境英帕尔一带和密支那东南中缅交界地区进行轰炸情况，每次出动三至九架左右。我们从译出的密电中获悉日本一个高级将领乘军用飞机巡视缅甸，每到一站，先向下站发出电报。此外，英印空军指挥部根据我们侦译有关日军后勤运输的情报，经常派出飞机袭击日军车队和船舶，获得很大战果。

根据侦收记录和译出的密电可以判明，原集结在印度支那的日本海军航空队主力早已调离东南亚地区，基本上收听不到日本海军航空队的通讯，驻在缅甸的是日本陆军航空队，按通讯网出现的飞机台数量估计，约200架左右。其中用于陆军协同作战的轻轰炸机较多，用于远程战略轰炸的重轰炸机，在侦收机上较少出现。日机在缅甸东北地区活动最为频繁，北部和西北方面次之，西南和南部地区很少发现日机的作战活动。日机出击活动，很少互相呼叫和发报通讯，更不透露地名，说明在缅甸的日本空军加强了通讯保密。

我们区队截获300余件情报，大多是英方无法获得的，有不少情报取得了军事行动的直接效果，所以英方对区队的工作极为重视，福尔克纳对区队工作人员表示慰问和谢意，物质供应也不断改善。

一次40年秘而未宣的吉大港空战大捷，归功于中国区队的准确情报

1942年12月初的一天夜晚，天空晴朗无月，加尔各答城异常平静。晚8时半左右，空中忽然传来了飞机的嗡嗡声，接着就是一阵炸弹爆炸的巨响。炸弹落在市中心区的公园街，炸塌了二三幢建筑物。顿时，商

店停业，行人稀少，大家争先恐后躲避空袭，一片混乱。这是日军攻占缅甸后，对加尔各答的第一次空袭，仅仅出动 3 架轰炸机，选择黑夜偷袭，轰炸的并非机场、港口或军事目标，而在市中心区，扔下炸弹就飞回去，显然是一次试探性的威力搜索，借以探测加尔各答的防空能力。当时，全市对这次空袭竟然毫无防备，连防空警报也没有听到。英印军在加尔各答有较强的空军力量，只因对日机的行动毫无所知，以致无能为力，任敌来去。更出乎我们意料的是，这次日机来袭，在我们区队的侦收机上也无所获，不能不使全队人员感到震惊。究其原因，原来我们一味按照在国内对付日本空军的老经验办事，麻痹大意，把全力用在搜索日军航空队的通讯网，没有腾出部分侦收机监听日本的特殊动态，而且认为驻缅甸的日本空军远程轰炸以前，先要派出侦察机进行侦察，侦察机向基地的通讯是逃不出区队侦收人员双耳的，谁也没有料到这次远程轰炸却没有侦察机来侦察。

我们根据这一新情况，对侦收工作重新加以部署，以一半力量继续控制通讯网，尽量抄收密码电报，为加速破译工作准备条件；又以另一半人机担任重点守所。我们从各侦收机的侦收记录中，发现仰光以北东瓜（亦译"同古"）机场的日机升降架次最多。该处位于缅南偏西，日机从这里起飞袭击加尔各答，大部时间在海上飞行，不易被地面监视哨察感，说明日军非常狡猾。于是，我们以此为目标，耐性监听，终于取得了可喜的战果。

自 12 月初日机轰炸加尔各答后，过了一段时间，一天晚上 8 时许，侦收机上发现东瓜机场突然热闹起来，基地电台和轰炸机电台互相呼叫，进行试通，以便飞机出发后双方通讯无阻。根据飞机台出现的呼号，估计这次日军出动的轰炸机约九至十二架左右。过了十多分钟后，互呼试通的信号消失，说明轰炸机编队正在起飞，升入空中。不久，飞机台信号再度出现，与基地台联络，但双方不发报，只是先由机上电台连续呼叫基地电台多次，而后基地台把测向机测得飞机所在的位置，告知机上台，这是基地利用测向技术，给夜航飞机导航向的一种方法，使飞机沿着既定的航线飞行，不致迷失航向。当时，日本空军使用基地测向方法导航，说明他们还没有先进的机上导航设备，由于基地电台并不是用成文的电报，把飞机的位置通知机上电台时仅仅告以测得的"示向度"，所以侦收人员如果不懂测向知识，即使抄到了"示向度"的数字，也是莫名其妙，无法使它成为有价值的情报。区队侦收人员曾在重庆中苏特种情报电台培训过，已经掌握测向的基本技术，当时根据抄收到的"示向度"，判明日机机群自东瓜起飞后，一直朝西北方向飞行。

区队将侦得的每一项敌情，立即通知佩特少校，并由他通过专线电话，报告驻加尔各答的英印军空军指挥部。我们集中力量注意守听，可是，日机起飞后约一小时，飞机台信号突然消失，东瓜基地电台不断呼叫，始终得不到机上电台的回答。我们继续监听，直到东瓜基地电台停止呼叫为止，并把这一情况最后通知了佩特。这一天晚加尔各答上空却平静无事。

第二天上午，福尔克纳上校偕同他的副官，满怀喜悦地来到区队，向我们祝贺在情报战线上打了一次胜仗。他告诉我们，昨晚区队陆续递交给佩特的每一份情报，都及时送达指挥部，经整理研究，判定日机循着东瓜至加尔各答的航线再次来犯，指挥官立即命令战斗机出动拦截，果然在吉大港附近上空和来袭的日轰炸机九架遭遇，处于优势的英印军战斗机予以迎头痛击，将日机全部击落，无一幸免。英印空军没有损失。当我们向福尔克纳询问他们的工作队有何收获时，他摇着头说，我们侦译日本空军电讯没有基础，昨晚日机来袭依然毫无所知，我们没有估计到中国搜集日本空军情报的丰富经验和成就。

自从这次空战胜利后，直到区队离开加尔各答为止，虽然侦收机上发现日机在缅甸的北方活动频繁，但没有再犯加尔各答。这次空战的胜利，粉碎了日军对加尔各答的袭击，使这个城市恢复了正常秩序，稳定了印度局势，有利于打败日本侵略者。这是中英合作对日作战的贡献，也是我们这条无形战线的作用。

关于加尔各答第一次被空袭的情况，印度各报曾以大字标题作为要闻报道。可是，第二次日机再次来犯，英印空军在吉大港全歼日机的胜利，却默默无闻，没有任何报道。这是因为这一胜利和侦测密电情报工作连在一起，为了保密，在战时不容许向外透露。1942 年至 1943 年的中英空军情报合作和吉大港空战胜利，40 年来，一直不被人们所知，原因就在于此。

戴笠电令回国

1943 年秋，整个局势已经明朗。在东方，日军已无力入侵印度，欲用空袭进行骚扰也力不从心；在西方，德军节节败退，希特勒曾经夸耀"德日东西会师"的海口，已成梦中的呓语。邻接阿富汗国界的国防工事，包括那些防御德国坦克的白色路障，已变成多余的赘物。英印空军以驻缅甸的日本空军为对象的防空任务大大减轻，防空情报的价值已退居次要地位。在此情况下，英方不满足于单纯的情报交换，迫切需要吸收我国的侦译技术，为建立他们的电讯情报工作打好基础。但英方这一要求，涉及到修改协定，区队无权擅自决定。我们当即发电向重庆航空委员会监察总队请示，得复电，大意说，修改协定须由原签署双方会商决定，英方如欲修改，可派员去重庆协商办理。这显然是加以拒绝。区队将复电内容通知福尔克纳，英方立即作出反应，目的是迫使我方让步，或让我们自动撤离。因为如不实行技术交流，区队对他们已没有多大作用了。我们再电重庆，请示对策。倪耐冰还专电向戴笠请示，很快收到戴笠的复电，严令立即通知英方，停止合作，全队撤回重庆，不得延误。我们立即通知佩特，福尔克纳代表英方表示同意。福尔克纳、佩特和其他几名英国军官代表英印军驻加尔各答空军指挥部，假座大东饭店，为区队正副队长及队内各部分负责人员饯行。10 月初，区队人员分批撤回重庆，至 10 月下旬撤离完毕。

一位朝鲜族抗联女战士

刘建国

　　白团长要和日本鬼子谈判了！影片《最后八个人》演到此时，牵动了观众的心弦，大家都揣测着：这支抗联队伍真要缴械投降了吗？

　　就在这部影片里，描写了东北抗联队伍中八个不同的人物，他们中有男有女，有老有少，有坚定的革命者，有机智的指挥员，自然，也有混入革命营垒的奸细。这里，我所要记述的，是和八人中那位朝鲜族女战士十分相似的人物，她的名字叫李小凤。

一

　　李小凤一家祖居朝鲜黄海道凤山郡。本世纪初，朝鲜沦为日本帝国主义的殖民地，不愿作奴隶的朝鲜人民奋起反抗，于 1919 年 3 月 1 日爆发了全民族的抗日大起义。"三一"起义失败后，日本殖民主义者更加残酷地屠杀朝鲜人民，李小凤一家为了求生存，渡过图们江，逃亡到我国黑龙江省，加入了中国籍。她的父亲李石运给地主当过雇工，在松花江码头上扛过大个（搬运工），靠卖苦力维持一家人的生活。"九一八"事变后，李石运参加了中国共产党，开始了革命生涯。他的家设立了地下联络站。

李小凤就在这样一个家庭长大，她自小受到革命的熏陶，懂得阶级仇，民族恨。她为地下党站岗放哨，掩护他们的活动。

1936 年春天，东北抗日部队，以中国共产党领导的抗日游击队为基础，统一改编为东北抗日联军，先后发展到 11 个军，4 万多人。李小凤这时投奔了由汤原游击队为主体改编组建的抗联六军，归李兆麟同志指挥，活跃在松花江下游的富锦、罗北、汤原、桦川一带。

二

1937 年春暖花开的季节，六军被服厂转移到四师驻地帽儿山。组织决定调李小凤到被服厂工作。

被服厂 20 多人，多半是女同志。厂长是中年妇女、共产党员裴盛春。大家都称她裴大姐。小凤年纪最小，裴大姐处处关照，教她做针线活，帮她学文化，还介绍她参加了抗日救国青年团。

进入 1938 年，日本侵略者强化了对东北的法西斯统治，投入大量兵力进山"讨伐"抗日联军，还采取"归屯并户"的办法，割断抗日联军和群众的联系。斗争更加艰苦了。这时，六军被服厂已经停产，改成了后方医院，接收了一批伤员。但是没有医生，缺少医品，粮食也很紧张。进入严冬季节后，更是困难重重，伤员们只好吃树皮了。

小凤他们日夜盼望山下来人，盼望山下的同志给伤员送点粮食。这一天终于盼到了，"交通员"进山，送来了一口袋苞米子。这真是雪里送炭，他们光顾高兴，丧失了警惕，没有盘查"交通员"为什么不经过卡子（哨所），绕到了医院。

当天深夜，小凤起来做饭。她刚刚把一锅苞米子煮烂，突然听到了枪响。"敌人偷袭医院！"小凤大喊了一声，人们都从床上跳下来。裴大姐命令一部分人搀扶伤员往后山转移，她带上十几个同志去阻击敌人。小凤恋着那锅饭，没有离开。她心想，无论如何这锅饭也得让伤员吃到嘴里。她揭开锅盖，冒着滚滚热气，往背包里装，往木桶里掏。枪声越来越近。她似乎什么也没听见。

当小凤挎着背包，拎着木桶，冲出房门的时候，一个戴眼镜的鬼子已经冲到跟前。就在这紧张的一刹那，"砰"的一声枪响，鬼子身体一晃，栽倒了。这是裴大姐从旁边的大树后面打来的。她跑过来，拉上小凤，往后山转移……

这是小凤参加的第一次战斗。在总结会上，她受到了表扬：李小凤同志冒着生命为伤病员抢出了一背包、半木桶苞米子干饭。

三

1938 年夏季，六军主力分批西征，沿着小兴安岭，挺进嫩江平原，开辟新的抗日根据地。李小凤和二十几位同志一起，编入了留守小分队。

就在这时，小凤得到了不幸的消息：一个月以前，父亲因下山为西征部队征集粮食，被叛徒出卖，在与追捕的敌人搏斗中英勇牺牲。小凤悲恸不已，然而，她更加牢记父亲的教诲：剩下你一个人，也要顽强地战斗下去！她和战友们在夜晚的篝火旁边，轻轻地唱起了《露营之歌》：

北风怒吼，大雪飞扬，

征马踟蹰，冷气侵人夜难眠，

火烤胸前暖，风吹背后寒，

壮志兮，何能消灭，

全民族，各阶级，团结起，夺回我河山。

不久，日本侵略者发动了对锅盔山的猖狂进攻，他们使用了迫击炮，向山头狂轰滥炸。小凤和同志们坚持抵抗，但是由于敌我力量悬殊，战友们一个个倒下了，情况十分危急。

"裴大姐，子弹打光了。"小凤向裴大姐报告。"撤，小李子，小金子，你们先撤！"在这支小分队里，这两位朝鲜族姑娘年龄最小。她们撤到山下，敌人的骑兵又顺着沟塘子冲了过来，向她们射击，小金子中弹牺牲。小凤冒着耳边"嗖嗖"的子弹向前跑去，却也不慎被一棵枯木绊倒，栽进了一个一米多深的雪坑……

天近黄昏，小凤从昏迷中醒来。山谷里死一般的沉寂。她从雪坑里爬出来，呼喊："裴大姐！""徐主任！""小金子！"……只有山谷的回声，不见人影。她来到山下的开阔地，眼前的惨状，目不忍睹：裴大姐和姐妹们的尸体，赤条条，血斑斑；徐主任的头颅被砍落在地……她悲愤万分，放声痛哭，她下定决心，这血不能白流，这仇一定要报！

小凤环顾四周，只剩下了自己。夜深云密，不见星火，难以辨认方向，她盲目地向前走去。突然，她想起徐主任说过，离他们不远的西南方向，还有一支抗联小分队，要想尽一切办法，找到他们。

经过两天一夜，小凤终于找到同志们了。但是，由于饥寒交加，她病倒了，两只脚上长满了冻疮。同志们要送她去养病，她死活不肯，待病情稍有好转，就跟随队伍绕出完达山，来到了一师部队所在的雁窝岛。

一师代理师长陈绍斌，团长白福厚，热情欢迎兄弟部队的到来，还煮了两大锅糠粥招待他们。两支部队合在一起，有近200人，领导力量加强了，战士们斗志也高涨了。

就在雁窝岛会师的第二天中午，一师部队打了一个漂亮的伏击战，敌指挥官被击毙，小凤也打死了好几个鬼子，她为徐主任、裴大姐他们报了仇。

当天晚上，部队撤离雁窝岛，向西进入青山，打算在饶河、虎林一带向崔庸健率领的抗联七军靠拢。由于发现敌情，又向北挺进，袭击小佳河、大佳河的敌人据点，拔掉了刘大林子镇的警察署，补充了弹药和给养。

在这一段的艰苦斗争中，李小凤经历了锻炼和考验。1939 年 1 月，她终于光荣地加入了中国共产党。她站在高山之巅，面对祖国大地宣誓：为了打倒日本帝国主义，宁死不屈；为了共产主义的美好未来，奋斗终身！

四

这一年 5 月，经过频繁的战斗，一师这支部队不断减员，只剩下了 70 多人。形势一天天恶化。特别是日本鬼子在山坡上搭起帐篷，步步为营，妄图困死抗联战士。白团长亲自侦察敌情，发现部队已三面被围，只有一条出路，越过怪石林立的悬崖突围。

一天深夜，阴云密布，雨声沙沙，掩护着抗联战士攀崖而下。他们没敢停留，天明前赶到了河套地区。正当他们吃早饭时，突然间，枪声大作，敌人又围上来了。部队失去控制被打散，有人倒下了，有人边打边撤，撤进了附近的树林。

下午，部队在一个无名高地集合起来，总共不到 50 人了。其中有受伤的，有吃野菜中毒。代师长陈绍斌见到这种景状，垂头丧气，闷闷不语。他是领导，下一步怎么行动，大家等着他的决策。他终于讲话了："我这个师长不能当啦！"他解开上衣扣子，胸前露出一条白布袋，他拍了拍说："这里还有 100 元钱，分给大家作路费，自谋出路，混碗饭吃吧！"

"怎么，就这样散伙啦？"大家议论纷纷，有人哭泣，有人抗议。小凤再也憋不住了："你当师长的，怎么能说出这种话来，还是个共产党员呢！"

"我这也是没有办法呀！"看来，陈绍斌不打算改变主意了。

就在大家无所适从的时候，白团长——共产党员白福厚同志，霍地站了起来："愿意离队的可以走，愿意革命的跟我来！"他有点口吃，一激动就说不出话来，停顿了一下，接着说："中国人剩下一个，也要抗战——抗战到底！"

人们呼啦啦地站到白团长一边。愿意离队的只有两个人，发给他们路费，让他们走了。他俩一再表示：决不去投降敌人。陈绍斌当时并没有走，可是后来他还是开了小差。

李小凤所在的这支部队，在白团长的率领下，克服了重重困难，渡过松花江，进入小兴安岭。他们最终打碎了敌人的尾随"追剿"。

五

1942 年后，东北抗联的大部分同志撤到黑龙江彼岸，在苏联政府和苏联红军的协助下，进行政治学习、军事训练，准备全国的大反攻。在苏联期间，李小凤任妇女班长，带领一批女战士，参加了战地医疗、无线电收发报、飞机跳伞等多种军事科目的训练。1944 年，她和战友陈雷同志结了婚。翌年 8 月，战略反攻开始，李小凤同志和其他抗联战士一起，又重返抗日战场，他们配合八路军、苏联红军，彻底击败了日本关东军，光复了东北三省。中国人民的抗日战争夺取了最后的胜利。

　　写到这里，一些读者或许要问，影片《最后八个人》与上面记述的多么相似啊！是的，李小凤就像那位朝鲜族女战士，白福厚就像影片中最后智骗敌人，以一人之身与敌同归于尽的白团长。然而，电影毕竟是文艺作品，是一种艺术提高。在真正的生活中，它显得更真实……

何凌登：入朝牺牲第一人

晓　农

扮武官，先期入朝察敌情

第三十九军参谋处长何凌登，没有想到能在北京中南海受到政务院周恩来总理的紧急召见。这一天，是美国军队在朝鲜仁川成功登陆的第三天——1950 年 9 月 17 日。一同受到召见的还有东北军区后勤部副部长张明远、第十二兵团司令部侦察处长崔醒农等五人，他们是由东北边防军临时组成的"入朝先遣小组"成员。不久之前，东北边防军就朝鲜战局向中央和中央军委呈送报告，建议在我国秘密出兵朝鲜之前，派一精干小组前去观察战局、勘察地形，熟悉各种与参战有关的情况。鉴于美军业已抢占仁川，将朝鲜人民军拦腰截断的严峻现实，中央看到战争的浓烟烈火直向鸭绿江边烧来，再次把我军秘密入朝的问题提上议事日程。因此，由周恩来召见这个先遣小组的成员，向他们面授机宜。

中国驻朝鲜大使馆临时代办柴成文也在场，显然，中央已经考虑到这个先遣小组应该纳入"外交活动"的范畴。

果然，周总理在宣布了先遣小组的任务之后，说："在中央就出兵朝鲜问题未作决定之前，不宜用其他名义，你们对外均为大使馆武官，由柴成文同志安排一切。"

何凌登想到自己成为我国出兵朝鲜的第一批军事人员，备感荣幸，他凝望着自己 8 年来不曾见面的周恩来，感到分外的亲切，不觉冒出了一句："总理，朝鲜战局已经相当危急了，我们什么时候出兵？"

周恩来对这位当年延安"抗大"的高才生是深有印象的。那时候何凌登才 20 岁出头，长相俊逸洒脱，性情开朗活泼，吹得一口好口琴，各方面的素质超凡出众，在"抗大"算是一个小有名气的人物。尽管何凌登在 1942 年就离开延安去了新四军，而相隔了八年之后，周恩来仍能一眼将他认出。此时，周恩来听了他的发问，缓缓地说："我国在什么时候出兵朝鲜？我现在不能答复你，这一问题事关重大，由毛主席直接掌握决定。"

何凌登听到这儿，才意识到自己犯了急性子，不该这样提问。

周恩来又向小组的每一个人问了若干具体事项，满意地点头，对柴成文说："你们尽快出发。"

柴成文把胸一挺，有力地回答："是！我们明天就走。"

召见结束的时候，周恩来给予了先遣小组一种殊荣：与每个成员依次握手。轮到何凌登时，共和国总理炯亮的目光再次停在他的脸上，声音也是那么地亲切："小伙子，到了朝鲜好好地干呀。"

何凌登感到了一个巨大的鼓舞，心头热乎乎地，利落地行了一个军礼，以清亮的声音回答："总理放心，我们一定不辱使命！"

何凌登他们从中南海出来，立即被送到北京车站上了去往沈阳的火车。翌日下午，他们在沈阳稍作停留，便打点出发了。东北军区为这五名特殊的"武官"配备了五辆越野吉普车，各人的军装也换成了民服。

先遣小组到达朝鲜的平壤，柴成文先向金日成首相报到。金日成听说中国又派来了五名"武官"，甚是高兴，指示秘书开具了五张由他签署的委任状。

仁川被美军抢占后，朝鲜战局发生了急速逆转。美第八集团军以95000人的兵力，扼住了朝鲜的"蜂腰"，完全切断了朝鲜人民军的供给线，朝鲜人民军腹背受敌，损失严重，被迫节节后退。先遣小组的任务就是深入朝鲜北部前沿，了解战局，观察美军的战斗实力，这样就必须出现在与敌人开战的前沿阵地上。

何凌登他们有时扮装成人民军军官，随部队一道行动。有时候穿上便装，单独在各地进行侦察。每个人得在一两天内将观察到的有军事价值的情报写成文字，传递到柴成文那里，再由大使馆呈送给中央有关部门。起初半个月，先遣小组的活动范围在咸兴、元山一带，之后把触角伸向汉城。到了10月初，又按照中央的电示，着重在清川以北的云山、妙香山、宁远、姚德的区域勘察地形，对有军事意义的山川河流画出详细的标记。

先遣小组源源不断地提供大量的军事、政治情报，为中央最后决定秘密出兵朝鲜起了参考作用。特别是何凌登他们后期在清江川北的实地勘察，为出兵后志愿军首次与美军交战，掌握了极有应用价值的军事情报。

1950年10月15日，先遣小组结束了在朝鲜25天的战地考察，返回各自的部队。

别爱妻，情意缱绻成新闻

10月19日下午，何凌登从沈阳回到三十九军军部所在地辽阳市。而就在这一天，该军根据中国人民志愿军总部的命令，已从辽阳乘火车向安东开发了，只是军部机关走在最后，定于下午 6 时整出发。中共中央根据入朝先遣小组提供的美军疯狂北进、朝鲜人民军全线溃退的战局情报，决定志愿军紧急进入朝鲜。中央的方针是：应当参战，必须参战，不参战损害极大。在最初拟定的志愿军统帅林彪称病不出的情形下，中央才紧急换人，于 10 月 10 日深夜，将正在甘肃兰州的彭德怀召到北京。彭德怀到任的第四天，就确定了志愿军秘密开入朝鲜的时间。

何凌登于下午 3 时左右回到军部，连家门也来不及进，第一件事就是向军部汇报。军长吴信泉、军政治委员徐斌洲、军参谋长沈启贤等人都来了，还有后勤、作战、通信各科的主官也奉命参加。何凌登汇报的要点，是对三十九军将要进入朝鲜的泰州、云山两处地方给予具体地形和战术上需要注意的说明。汇报持续了两个小时，直到下午 5 点 1 刻过后，何凌登才往家里走去。自从 9 月 15 日赴北京参加入朝先遣小组到现在，何凌登已经有一个多月没有见到妻子了。

何凌登的妻子吴为真，是 1938 年参加革命的青年学生。她相貌美丽，温柔而又坚强，是新四军女战士中的佼佼者。何凌登为她的第二个丈夫。

她的第一个丈夫，是颇有名气的抗日将领——第三十九军前身——新四军第三师的师参谋长彭雄。1943 年 10 月，彭雄与三师八旅旅长田守尧，从淮南取道青岛秘密赴延安参加中共六届七中全会，在黄海海面与日军的舰艇遭遇，激战中彭雄与田守尧均英勇捐躯。那时候，何凌登还是彭雄手下的作战参谋，三年以后，在黄克诚、张爱萍等师首长的关心下，何凌登与把悲痛藏进心里的吴为真结为夫妻。战火的洗礼与沉重的心理打击，并没有使这个出类拔萃的女性消沉下去，吴为真依旧洋溢着火热的战斗激情，依旧温柔如水，分外珍视与何凌登的婚姻。这对郎才女貌的夫妻结合快五年了，可一直像新婚夫妇那样缱绻情深。

何凌登上次奉命赴北京，然后再去朝鲜，是极其保密的，吴为真无从知道实情，只是从一些迹象中知道丈夫是在执行一项神圣重大的任务。这一次宣布了三十九军开赴朝鲜的命令，在部队业已开发的情形下，丈夫才赶回家来，还未来得及洗掉从战场上带回的征尘硝烟，接着又随军部再赴战场，与世界上头号强国的美国侵略军激战，吴为真那充塞心间的复杂情感是可想而知的。而何凌登此时与爱妻难分难舍的离情别绪，也是不言而喻的。

转眼到了应该出发的时间。下午 5 时 50 分，摆在军部大门口的五辆吉普车和一辆美式中卡车，都已经发动，所有该出发的人都上了车，家属在一旁送行。这时候，独独不见何凌登。军长吴信泉伸出头对后面的参谋长沈启贤发问："何凌登怎么一回事？"沈启贤皱着眉头回道："大概还在家里吧，也难怪，他才回来。"吴信泉再次看了看手表，脸上浮起了怒容，从牙缝里挤出一句："乱弹琴！"在吴军长的印象中，何凌登平时最讲究守时间，各种场合从不迟到，而这一次却让大家等他，怎能不让吴军长生气。这时分，几辆汽车加大了油门，引擎发出更大的轰鸣，让人愈是心焦。与许多家属在旁边送行的军长妻子俞惠如，见了这一情形，对吴信泉说："我去看看。"说着，撒腿往部下吴为真住的地方跑去。

俞惠如小跑着到了何凌登宿舍门口，才站稳脚，耳边就传来一阵口琴的吹奏声，她稍加犹豫，用手去推门。门一推开，映入她眼帘的是一副令她心跳耳热的场景。俞惠如一愣，脑子里想到军部所有的人都在等何凌登，肚里的话冲口而出："大家都等得急了，你们还在搞什么'小资情调'？"

这时相拥着沉浸在亲热之中的恩爱夫妻，都猛然抬头看见了俞惠如，只是何凌登反应得尤其快，马上松开妻子，说了一句"就去"，接着转身就走。

何凌登快步来到军部大门口，刚刚坐上车，吴为真跟着跑来了，直接奔到丈夫的车门旁边，在众人热辣辣的目光中，将口琴塞在丈夫手中，柔声地说："带上。"目睹了这种送别深情的吴信泉心头一热，也没说什么，只是对司机把手一挥。随着军长的车"轰隆"一声加油开动，后面的车依次挂挡起步。在汽车发动机的烟气和灰尘当中，吴为真仍旧站在那里，向车上的何凌登，也向其他人扬手道别……

换车位，入朝牺牲第一人

10 月 22 日晚 8 时整，三十九军的六辆车赶到了鸭绿江边。吴信泉军长命令停下来，察看部队通过 1100 多米的铁路大桥。选择晚上过江，是防止美国飞机的轰炸。毫无制空权的中国人民志愿军，只能凭借夜幕的掩护通过鸭绿江铁路大桥。

这天是农历九月十二日，天边挂上了一叶轻舟似的新月，投下淡淡的光亮，使人能够看清两边锃亮的铁轨和高大的枪架。而一二丈之外的景物就模糊不清了。何凌登下车后站在大桥的左侧桥边，默默地看着源源不断的部队通过大桥，心头奔涌着一种战斗的激情。

9 时 20 分，军部领导见部队安然有序地通过了鸭绿江大桥，决定驱车跟进。军部的前方目标是龟城，必须在天亮之前进入指定位置。

就在吴信泉乘坐的 1 号车将要发动之际，何凌登跑步过来，把手搭在车门上，对吴信泉说："军长，我们换个位置，我来坐 1 号车，美国鬼子的飞机厉害着哩。"

"乱弹琴！"吴信泉朝何凌登瞪了一眼，回道："我坐 1 号车危险，你坐就不危险了？你，你小子这两天怎么老出洋相？"

吴军长的声音有几分凌厉。其实，熟悉军长的人都知道，不是他心里喜欢的人，是不会说出这硬邦邦的话来，这就是军长的军人性格。的确这样，吴军长早就喜欢上了中学生出身的作战参谋，认为这个天赋、素质都很高的年轻人可以造就，很有作为。

然而这回何凌登真的让吴信泉来气了，参谋处长硬是顶着他的威严坚持自己的意见："军长，我在朝鲜20多天，熟悉这一带的公路情况，知道哪儿能快能慢。虽然是晚上，美国鬼子的飞机也出来捣乱，还是让我坐1号车吧，战争和时间已经不等我们了！"

吴信泉正要发作，军政治委员徐斌洲说话了："何处长的考虑也有道理嘛。"接着以调停的架势把头附在吴军长耳边，轻语了几句。结果，吴信泉很不情愿地从1号车前头的座位上走下来，随后在何凌登的肩上重拍了一下，说道："好小子，有你的，挺厉害的哩。"

换车风波过去了，军部车队继续出发。通过鸭绿江大桥后，借着青烟一般的新月余晖，向龟城方向驶去。

上半夜的几个小时，军部车队行进得甚为顺利。车上的人都说常常能够听到天上有美国飞机的声音，但一路没有被敌机发现过。当车队驶过西风里木桥时，何凌登知道这儿离龟城只有30多公里了，只要安全地驶过这段丘陵地区，车队就能顺利提前到达目的地。

车队继续前行了一个小时。这时候，已经是下半夜2点多了。早已越过子午线的月亮，也快要接近天际边的群山了，月色有些朦胧。何凌登乘坐的1号车行驶在一座不算陡的山坡时，月亮正好被山头遮住，四周的景物连一点轮廓也显不出来。司机小唐只见前方一片昏暗，根本看不清路面在哪儿，他只好打开前灯，借着光亮猛一加速驶上了山坡。就在1号车亮灯的一瞬间，被空中迎面飞来的美国飞机发现了目标，飞机立即怪叫着俯冲下来，又是扫射又是投弹。

敌机尖利的嚎叫和重磅炸弹震天动地的爆炸声过去之后，已经在坡下及时停下来的 2 号车上，跳下了军长吴信泉，他急速跑到 1 号车旁，一边推车门，一边连连叫着："小何，怎么样了？怎么样了？"

在手电筒光亮的映照下，吴信泉看到，就在自己原先所坐的位置上，何凌登一动不动地坐在那儿，就像睡熟过去。

"何处长……他牺牲了。"司机小唐已从懵怔中清醒过来。

"啊！"吴军长震惊之极地叫了一声，顿时眼里滚出大滴大滴的泪水。他明白，何凌登是被美机扫下的机关枪弹击中了头部。

整个车队都停下来了，人们不等命令纷纷跑了过来。何凌登突然中弹牺牲，这让大家感到太意外，意外得无法接受。如果不是何凌登固执地与吴军长换了车，后果将是怎么样呢……

吴信泉与徐斌洲等人在一旁商议了一阵，果断地决定：由警卫排派两名战士乘坐 1 号车，将何凌登的遗体护送回辽阳军部留守处，军部车队继续前行。

通往龟城的山中公路上，军参谋长沈启贤坐在由 2 号车变为 1 号的吉普车上，一如既往地朝前驶去。车上的将士，都陷入在沉默之中，哀恸伴随着沉重的汽车马达声，在每个人的心里剧烈地搏动。

何凌登路上牺牲的消息传到辽阳三十九军留守处，有如响雷炸顶，使人们震惊万分。尤其是军长妻子俞惠如，在极度悲痛的同时，想到自己看见他夫妻俩难分难舍的别离情景，怎么也不相信眼前的事实。

吴为真，这位柔情而又坚强的优秀女性，以其纤细的肩膀承受住了又一次巨大的精神打击。她在俞惠如等人的搀扶下，来到灵堂同何凌登的遗体告别。望着安详躺在战旗下的丈夫，她泪如雨下，弯下颤抖不已的身子，在何凌登脸颊无比深情地吻了又吻……在告别的最后时刻，吴为真拿起那只亲手塞给何凌登的口琴，捂放在胸前。她要永久保存丈夫这一珍贵的遗物。这只口琴，曾伴随丈夫走过了从湖南岳阳到延安、淮南、东北乃至朝鲜的烽火征程，丈夫不知道多少次吹出如泣如诉的琴韵，抚慰着自己曾经留下伤痕的心田……

何凌登，这位 1917 年出生在福建福州的中华英杰，中学毕业后，由徐特立介绍，于 1937 年起投身于抗日救亡运动，翌年奔赴延安，参加了革命。在延安抗日军政大学期间，他曾经获得延安地区毛泽东模范青年奖章、毛泽东模范干部奖章。以他的青春年华和不凡才干，堪为前程锦绣的革命人才。而他却出师未捷身先死，不幸成为中国人民志愿军入朝牺牲的第一人。中国人民抗美援朝的伟大史册，将永远记载他的不朽名字。

图书在版编目（CIP）数据

烽火剪影／刘未鸣主编 . — 北京：中国文史出版
社，2018.9

（纵横精华 . 第二辑：历史的侧影）

ISBN 978 - 7 - 5205 - 0783 - 7

Ⅰ . ①烽… Ⅱ . ①刘… Ⅲ . ①中国历史—史料—民国

Ⅳ . ①K258.06

中国版本图书馆 CIP 数据核字（2018）第 259505 号

责任编辑：金硕　胡福星

出版发行：中国文史出版社

社　　址：北京市海淀区西八里庄 69 号院　　邮编：100142

电　　话：010 - 81136606　81136602　81136603（发行部）

传　　真：010 - 81136655

印　　装：廊坊市海涛印刷有限公司

经　　销：全国新华书店

开　　本：787 × 1092　1/16

印　　张：15.25

字　　数：190 千字

版　　次：2019 年 2 月北京第 1 版

印　　次：2019 年 2 月第 2 次印刷

定　　价：48.00 元
